U0946433

为人找书　为书找人

——如何搜集资料

唐晶　罗欢　编著

国家图书馆出版社

图书在版编目(CIP)数据

为人找书　为书找人——如何搜集资料/唐晶,罗欢编著.—北京:国家图书馆出版社,2011.6

ISBN 978-7-5013-4611-0

Ⅰ.①为…　Ⅱ.①唐…　Ⅲ.①情报检索—检索方法　Ⅳ.①G252.7

中国版本图书馆 CIP 数据核字(2011)第 117259 号

责任编辑:金丽萍

书名　为人找书　为书找人——如何搜集资料

著者　唐晶　罗欢　编著

出版　国家图书馆出版社(原北京图书馆出版社)

(100034 北京市西城区文津街 7 号)

发行　010-66139745　66151313　66175620　66126153

66174391(传真)　66126156(门市部)

E-mail　cbs@nlc.gov.cn(投稿)　btsfxb@nlc.gov.cn(邮购)

Website　www.nlcpress.com→投稿中心

经销　新华书店

印刷　北京华艺斋印务有限公司

开本　880×1230(毫米)　1/32

印张　6.625

版次　2011 年 6 月第 1 版　2011 年 6 月第 1 次印刷

字数　200 千字

书号　ISBN 978-7-5013-4611-0

定价　30.00 元

序

众所周知,图书馆是专门收集、整理、保存、传播和开发利用文献资源的文化机构,是人类社会发展到一定阶段的文明产物,是人类知识的宝库。随着人类文明的不断进步,图书馆所收集的文献资料也越来越浩繁。印度图书馆学家阮冈纳赞在其著名的“图书馆学五定律”中提出,“书是为了用的”,“读者有其书”,“书有其读者”,“节省读者的时间”,“图书馆是一个生长着的有机体”,被国际图书馆界誉为“我们职业最简明的表述”。“五定律”精准地诠释了图书馆工作应该为之努力的目标,其中“读者有其书”、“书有其读者”更是高度凝练了图书馆服务的根本宗旨以及图书馆员的基本使命,也就是“为人找书,为书找人”。

国家图书馆全面收藏本国出版物,并有针对性收藏其他国家与地区的出版物,是世界上入藏中文文献最全、国内入藏外文文献最多的图书馆。面对浩如烟海的文献资料,许多使用者每每有“大海捞针”、“书山无路”之感觉。作为职业图书馆工作者,不但要自己熟练掌握文献资料检索知识和基本技能,为利用者快捷高效地搜集某一专题的资,而且要能把不同类型资料的搜集方法和技能加以归纳总结,传授给同行,传授给研究者以及普通利用者。授人以鱼,不如授人以渔。

本书编著者唐晶、罗欢是国家图书馆参考咨询馆员,具有多年的专业历练和工作实践,对于资料的搜集工作,有着深刻的理解和独特感悟,具有良好的文献检索能力和整合信息的能力。她们结合平日协助用户搜集资料的许多个案,以国家图书馆纸质馆藏和电子数据库资源为例,兼顾网络上的相关资源,较为系统地介绍其搜集方法和查检技巧,相信对同行与研究人员有所裨益。

本书强调针对性、实用性和普及性，多是编著者日积月累的心得与体会，因而难免在理论性上欠升华。但字里行间，无不倾注着编著者对咨询工作的认真和责任感。应作者诚邀，写下上述文字，鼓励与鞭策兼有，是为序。

汪东波

二〇一一年六月八日

目 录

1 主题分析与信息源选择

1.1 分析研究主题

所谓文献主题分析是先从文献内容中,分析出可以代表文献内容的主题概念,再将主题概念以内涵相同的术语表示,而这种直接并独立地表达文献中心内容概念,并经过规范化的关键词,称为主题词(Subject Word)或关键词(Keyword)。主题分析可说是确定主题类型并剖析主题结构的过程。而主题分析的目的,是在适当的深度上,分析和掌握文献的中心内容,从概念上加以提炼、压缩,以便依据这个中心内容选择恰当的主题词作为文献的查询检索标志。①

1.1.1 主题分析的方法、步骤

(1)了解文献内容,提炼文献主题。

(2)确定主题要素,进行概念综合分解。

(3)隐含主题概念的分析。

(4)确定检索角度,选取检索入口。

在进行主题分析时,可能会因为主题概念分析不完全或主题选取错误等因素而造成主题分析结果的误差。因此,在进行主题分析工作时应注意:

(1)要全面、客观地反映文献主题。

(2)克服简单化。

(3)要注意主题概念的专指性。

---

① 袁世全,冯涛. 中国百科大辞典[M]. 北京:华夏出版社. 1990:444

(4)要注意主题分析的一致性。①

1.1.2 主题分析的重要性

在分析文献主题的过程中,能否正确地确定文献的主题,将直接影响到检索效率,如果分析主题不当,选词再好,其结果必将降低检索效率。相反,主题分析正确,才能使相同主题的文献集中在一起,使该检索工具的检索效能得到充分的保证,从而更好地满足用户的不同需要,充分发挥文献的作用。主题分析的重要性:

(1)文献资料的检索方法与检索工具是开启知识宝库的钥匙。

(2)重视检索方法和工具的研究与改进,方能提供用户快速且高质量的咨询服务。

(3)根据大部分的研究显示,主题查询是在线用户所偏好的检索途径,但也最常遭遇困难。

(4)主题分析与控制是主题查询的基础和准备工作。

要深入了解一领域的研究发展,其方法之一就是对该领域所发表的文献进行分析与分类。透过对发表文献的分析与分类,可以归纳出该研究领域的研究范围、议题以及在不同阶段的发展重心。文献的主题分析向来是图书馆咨询服务的研究重心之一。②

1.2 选择信息源

联合国教科文组织1976年出版的《文献术语》一书将信息源定义为:个人为满足其信息需要而获得信息的来源。一切产生、生产、存贮、加工、传播信息的源泉都可以看做是信息源。

信息源是指人们通过社会的一切活动所形成的各类成果和各种

---

① 陈守福.谈主题法中的主题分析[J].现代情报,1986(4):26-29

② 罗思嘉,陈光华,林纯如.图书信息学学术文献主题分类体系之研究[J].图书信息学刊,2001(16):123-140

原始记录,以及对这些成果和原始记录进行加工整理而得到的成品,这一切都是人们借以获得信息的源泉。其内涵极为丰富,包括了各种信息载体和各类信息机构,包括了传统印刷型文献和现代电子文献,包括了不同的信息存储、信息传递和信息生产机构。①

1.2.1 信息源的类型

由于各种资料类型所具备的特点与提供信息的广度及深度不同,一旦清楚了研究主题所涵盖的范围后,接下来就要思索需要的资料信息源。信息源由纸质信息源和非纸质信息源两大部分构成。纸质信息源,包括手写和印刷两种形式。手写型信息源包含手稿、私人笔记、会议记录、信件、原始档案等,印刷型信息源包含图书、期刊、报纸、论文、报告、专利、标准、政府文件等。非纸质信息源,包括缩微、音视频和数字 3 种形式。缩微型信息源包含缩微胶卷、缩微平片等,音视频型信息源包含唱片、磁带、激光视盘、幻灯片、电影电视片等,数字型信息源包含光盘、网络信息等。

1.2.2 信息源的表现方式

信息源有 4 个级别的表现方式,分别是零次信息源、一次信息源、二次信息源、三次信息源。零次信息源包括未公开发表只在一定范围内使用的日记、手稿等,一次信息源包括公开发表的未经加工的专著、论文、报告等,二次信息源包括经归类简化的题录、文摘、汇编、索引等,三次信息包括经过整合而成的年鉴、手册、综述等。

1.2.3 信息源的选择原则

对繁多的信息源,如何选择,主要原则有四条:

(1)针对性。要了解相关信息源是否能满足自己对所需信息的定位,包括信息种类(综合、经济、法规)、信息范围(国外的还是国内

---

① 张耀东.论信息源的发展对图书馆理论与实践发展的影响[J].江西行政学院学报,2005(S2):131-132

的)、信息载体(报刊、论文、图书)、信息时段(出版年限)、信息内容(关键词)等。

(2)系统性。要检验相关信息源所提供的相关文献是否全面和连贯。

(3)可靠性。要清楚相关信息源提供的文献来源是否可靠,权威性如何。

(4)经济性。要考虑相关信息源的检索方式是否便捷,检索成本是否合算,检索内容是否有参考价值。

整个信息源利用的过程,只要遵循选择原则和利用要求,不断优化信息检索的技巧和提高信息整合的能力,就一定可以在众多的信息源和浩瀚的信息量中,找到自己所需的信息,并实现对相关信息的有效利用。①

1.3 选定检索工具

检索工具是查找文献资料的一把钥匙,如果掌握检索工具这把钥匙,就能打开文献资料宝库的锁,就能用较短时间检索到大量的、有用的文献资料线索,进而找到原始文献资料,使用户可以拿出更多的时间和更大精力来从事科学研究工作。

选择适当的检索工具,标准是:

(1)要专业对口;

(2)要文献类型对口(是查期刊论文,还是查标准、专利);

(3)选择质量高的检索工具(报道量大、报道快、检索途径多)。

由于每种检索工具都有特定的收录范围,各有所侧重,编排方法也不一样,所以必须掌握各种检索工具的特点和使用方法。

---

① 夏秋.人文社会科学信息源的检索和利用[J].农业网络信息,2007(4):77-79

2 搜集资料的途径

通过各种途径搜集资料可获得前人、他人的间接经验或已有成果,使自己少走弯路,提高工作效率,站在巨人的肩膀上获得成功。资料搜集应用十分广泛,不仅读书、旅游、科研、经商等离不开资料的搜集,就是人们平凡的日常生活也需要资料搜集,如吃、穿、住、行看上去十分简单的事情,都需要信息资料汇集并进行比较筛选。

本书介绍搜集资料的途径主要依据平日馆员协助用户搜集资料的途径,首先是国家图书馆馆藏纸本和电子数据库资源,其次馆外馆藏,最后兼顾网络上的相关资源。

2.1 利用图书馆馆藏目录

馆藏目录是馆藏文献的缩影,是识别和检索馆藏文献的工具,是查找图书馆馆藏文献的线索和依据,是沟通馆藏文献与读者之间的桥梁。没有馆藏目录,读者就无法利用馆藏文献。因此,图书馆应充分利用馆藏目录,将本馆的藏书特色和藏书内容展示给读者,使馆藏文献资源得以充分开发和利用。①

2.1.1 利用国家图书馆馆藏目录

http://opac.nlc.gov.cn/F?RN=626155646

① 何尔纯.馆藏目录与馆藏文献的开发利用[J].中华医学图书馆杂志,1999(3):38

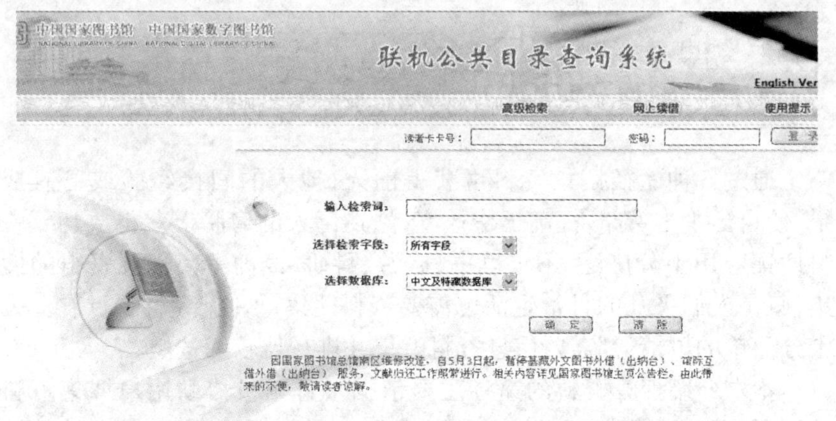

2.1.1.1　国家图书馆联机公共目录查询系统(OPAC)检索说明

(1)进入系统

• ID 登录——需要输入读者 ID 号,如 abc770321,或国图读者证卡号,如 0100500000001234。

• 匿名登录——默认为匿名登录,可以直接使用检索查询界面。仅限于使用检索功能。

(2)选择数据库

进入检索界面后,默认可以同时检索国家图书馆中文和外文两个物理上独立的数据库,即全部馆藏数据。为了方便您的检索,在中文和外文两个物理上独立的数据库基础上,按照类型或馆藏地点划分了 20 个子库,可以针对需要,在“多库检索”界面下,点击相应的子库名,选择子库。

(3)检索数据库

检索可以通过两条渠道:浏览或检索。

浏览——一种类似于前方一致的检索方法;

检索——关键词检索方法。包括简单检索、多库检索、组合检索和通用命令语言(CCL)检索。可以根据个人的爱好、检索策略等选择不同的检索手段。

注意：

• 通过浏览方式检索到的结果不受命中数目限制，可以点击“款目”查看详细内容；

• 检索方式下，系统将检索结果按照默认字段排序，但如果命中记录数超过8000条，系统将不对检索结果进行排序，而直接显示记录结果。

(4) 可以使用的其他功能

• 查看馆藏在结果列表中，单击“馆藏地”链接，可以显示记录的馆藏信息：文献状态、索取号、条码号、馆藏地点等；

• 馆藏选项在查看馆藏信息时，有以下可用链接：

请求——发送对某记录的预约请求，如外借、闭架阅览等。

复制——发送某记录的复制请求。

应还日期——如果馆藏列表中包含一个应还日期链接，这表示该文献处于外借状态。单击该链接（如果它有下划线）可以查看借书者的详细的信息。

保存——对所有用户有效（无论用户是否登录 Web OPAC 系统），将选中记录保存到指定介质上。

• 只有登录系统后，才可以查看个人信息和在借信息。进入“读者信息”栏目，可以查看读者卡卡号，读者卡过期日期，过失记载和在借信息等。

(5) 重要提示

• 由于国家图书馆目前已经在 Web OPAC 提供读者查询的数据中，有些尚未挂接馆藏信息，因此，需要请您参照提示，到可能保存该文献的地点借阅文献：

• 索取号的查找方法：

在简单查看方式下，可以通过以下途径找到“索取号”：

——点击“馆藏地”字段中的地点链接可以查看相应地点的索取号；

——点击“#”字段的记录顺序号，展开该条信息，可以看到“索取号”字段；

——既无馆藏地又无索取号的资料为不可使用文献,可能处于“订购中”、“编目中”或“加工中”等工作流程状态,读者不能对此类文献进行借阅操作;

——[普通古籍]类型的文献虽然显示了馆藏地点,但是由于相应信息尚未完成挂接,所以请采用“#”方式查看“索取号”。

2.1.1.2　资料类型

中文库各逻辑子库对应的资料类型如下:

中文普通图书——专著

海外中文图书书目库——海外中文图书

学位论文——博士论文、硕士论文、博士后论文、海外学位论文、博士后报告

中文联合国资料——联合国资料

音像和电子资源——录像制品、录音制品、电子资源、电子资源. cd、电子资源. dvd、电子资源. vcd、电子资源. mp3

中文期刊——期刊

中文报纸——报纸

善本文献库——善本、新善本、舆图、拓片、敦煌资料、手稿、甲骨、刻石、玺印、“文革”小报、精装精印

普通古籍——普通古籍、普通古籍

中文缩微文献——缩微制品、缩微胶片、缩微品

民语文献——民语文献

专志——专志

地方志、家谱文献——家谱、地方文史、地方志①

2.1.1.3　几个主要检索项

使用图书馆馆藏目录之前,必须先判断该用哪一个查询项来进行检索,如果选择的查询项不正确,就可能找不到所需的资料。下面介

---

① 中国国家图书馆 OPAC 检索说明. (2011 - 05 - 15). http://202.106.125.99/F/BLY22CAU4SA2FYY39VBREVEAJASDBYVK8RBCJEI7CU3IHYKN77 - 21819? func = file&file_name = help - 1

绍图书馆馆藏目录系统的常用查询项，以及输入查询项时应注意的事项。

(1)题名(Title)途径

指通过信息源题名进行检索的途径。一些存取系统如题名目录、题名索引等均提供按题名字顺检索特定信息资源的题名途径。通常用于以图书名称、刊物名称、会议名称、标准名称等信息资源名为题目的各种信息存取途径。

(2)著者(Author)途径

根据著者(个人著者、团体著者)查询信息的途径。著者通常包括个人著者和团体著者。个人责任者包括著者、编者、译者、编著者等。

(3)主题词(Subject)途径

主题途径是根据信息内容的主题特征进行检索的途径。表示信息所论述和研究的事物、问题、现象的概念叫做主题；用以表达信息主题概念的词叫做主题词，并作为检索标识。在信息检索中，主题途径使用较为方便。

(4)分类号(Classify)途径

分类途径是用户普遍使用的一种方法。分类途径是以科学分类为基础，结合信息的特征，运用概念划分的方法，把知识区分为大小类目，并用标记符号作为代号，使其形成一个有系统、有层次、逐级展开的排列表。分类途径又称为分类表。通过分类途径来查找文献是一个传统的、非常重要的途径。

(5)序号(Number)途径

是借助某些信息或文献所特有的编号来检索文献信息的途径。它们是一些文献类型的特有标识，如专利号、报告号、合同号、标准号(如国际标准书号(ISBN)、国际标准连续出版物号(ISSN)、国际标准音乐出版物号(ISMN)、国际标准录音号(ISRC))、资助号、入藏号、注册号、登记号、文摘号等。这些号码特征对于识别特定文献具有简短、明确、唯一的特点，依此类编号所编制的存取系统可提供按号码检索特定文献的途径。序号存取途径大都按照序号(拉丁字母或阿拉伯数字,若两者都有则按照先字母后数字的顺序)本身的序列排序。

2.1.2 用馆藏联合目录

馆藏联合目录是把几个图书馆的馆藏书目结合在一起,使用者输入检索项之后,就可同时查出这些图书馆的收藏情况,省去逐一查寻各图书馆目录的麻烦。有些联合目录可同时检索图书与期刊的馆藏,有些则只能查询某一类型或特定主题的馆藏资料。例如:中国科学院图书馆的全国期刊联合目录包括:全国西文期刊联合目录数据库,全国日文期刊联合目录数据库,全国俄文期刊联合目录数据库,全国中文期刊联合目录数据库 4 个子库。

1997 年国家图书馆建立了联机编目中心,该中心于 1998 年推出联机公共检索目录,其他省市地方性的图书馆可以下载书目数据、提交馆藏。同一时间,中国社会科学院图书馆也意识到期刊联合目录对学术研究的重要性,建立了期刊联机联合目录。进入 20 世纪 90 年代后我国高校图书馆开始筹建"中国高等教育文献保障系统(CALIS)",其目标是以中国教育与科研网(China Education and Research Network, CerNET)为依托,通过文献信息服务网络和文献信息的数字化建设,初步实现系统公共检索、馆际互借、文献传递、协调采购、联机联合目录等,其中联机联合目录的建设是 CALIS 最主要的项目之一。

CALIS 联合目录是我国图书馆联合目录建设最为成功的例子。它的建设,带动了全国各个高校图书馆积极参与,全国大部分省市都相继成立了地区性的高校图书馆联合目录,例如江苏省 JALIS 联合目录、河南省 HALIS 联合目录、上海地区高校图书馆联合目录等①。

中国高等教育文献保障系统(China Academic Library & Information System,简称 CALIS),是经国务院批准的我国高等教育"211 工程"、"九五"、"十五"总体规划中 3 个公共服务体系之一。CALIS 的宗旨是在教育部的领导下,把国家的投资、现代图书馆理念、

① 董红霞. 论我国高校图书馆联合目录的发展[J]. 图书情报工作,2009(15):78 - 82

先进的技术手段、高校丰富的文献资源和人力资源整合起来，建设以中国高等教育数字图书馆为核心的教育文献联合保障体系，实现信息资源共建、共知、共享，以发挥最大的社会效益和经济效益，为中国的高等教育服务。

CALIS 管理中心设在北京大学，下设了文理、工程、农学、医学 4 个全国文献信息服务中心，华东北、华东南、华中、华南、西北、西南、东北 7 个地区文献信息服务中心和一个东北地区国防文献信息服务中心。

从 1998 年开始建设以来，CALIS 管理中心引进和共建了一系列国内外文献数据库，包括大量的二次文献库和全文数据库；采用独立开发与引用消化相结合的道路，主持开发了联机合作编目系统、文献传递与馆际互借系统、统一检索平台、资源注册与调度系统，形成了较为完整的 CALIS 文献信息服务网络。迄今参加 CALIS 项目建设和获取 CALIS 服务的成员馆已超过 500 家。①

2.1.2.1　查询 CALIS 联合目录（http://opac.calis.edu.cn/simplesearch.do）

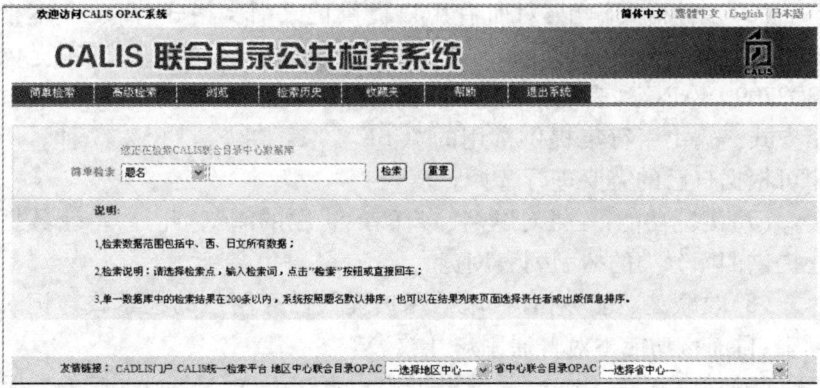

① 中国高等教育文献保障系统.（2011－05－15）. http://project.calis.edu.cn/calisnew/calis_index.asp?fid=1&class=1

2.1.2.2　CALIS 联合目录公共检索系统说明

CALIS 联合目录公共检索系统(以下简称 OPAC)采用 Web 方式提供查询与浏览。

(1)多库分类检索:OPAC 中的数据,按照语种划分,可分为中文、西文、日文、俄文 4 个数据库;按照文献类型划分,可分为图书、连续出版物、古籍。

(2)二次检索:点击“二次检索”按钮,可返回检索页面,用户可修改检索条件重新进行检索。不提供对结果集的二次检索。

(3)排序功能:检索结果分库显示,单一数据库中的检索结果少于 200 条,才提供排序,默认的排序优先次序是:题名、责任者、出版社。检索结果超过 200 条则不提供排序功能。

(4)检索历史:保留用户发出的最后 10 个检索请求,用户关闭浏览器后,检索历史将清空。

(5)多种显示格式:检索结果分为多种格式显示,包括简单文本格式、详细文本格式、MARC 显示格式。前两种格式对所有用户免费开放,MARC 显示格式只对 CALIS 联合目录成员馆开放,查看或下载 MARC 记录,均按照 CALIS 联合目录下载费用标准收取。

(6)多种格式输出:对所有用户提供记录引文格式、简单文本格式、详细文本格式的输出,此外,对 CALIS 联合目录成员馆还提供 ISO2709、MARC 列表的输出。提供 E-mail 与直接下载到本地两种输出方式。输出字符集提供常用的“GBK”、“UTF-8”、“UCS2”3 种。用户可根据自己的需要进行选择。

(7)浏览功能:提供对题名、责任者、主题的浏览,此外,古籍数据还提供四库分类的树型列表浏览。

(8)收藏夹功能:对有权限的用户提供保存用户的检索式与记录列表,目前该功能不对普通用户开放。

(9)馆际互借:OPAC 系统提供用户直接发送请求到本馆的馆际互借网关,用户无需填写书目信息。①

---

① CALIS 联合目录公共检索系统说明与帮助.(2011 - 05 - 15).http://opac.calis.edu.cn/html/userhelp.html

2.1.3 利用 WorldCat 图书馆联合目录

WorldCat 是 OCLC（Online Computer Library Center, Inc.）联机联合编目数据库，原称 OCLC Online Union Catalog（OCLC 联机联合目录），1996 年改名为 WorldCat。WorldCat 早在 1971 年就开始被采用，最初只链接了俄亥俄州的 54 个学院和大学的图书馆，现在它包含了全世界图书馆的整合目录，已发展成为世界最大的书目数据库。2006 年 8 月，OCLC 开放 WorldCat 所有数据供互联网用户查询使用，用户通过其网站 http://www.worldcat.org/可查询到全球图书馆的馆藏资料。

WorldCat 现拥有超过 10000 家的成员馆，收录了 15 亿多条目录和馆藏信息。主题范畴广泛，覆盖了从公元前 1000 年到现在的资料，基本上反映了世界范围内的图书馆所拥有的图书和其他资料。资料类型有：图书、web 站点和 Internet 资源、计算机程序、胶卷和幻灯片、期刊和杂志、文章、章节和论文、手稿、地图、乐谱、报纸、录音带、录像带等。记录每天更新。

由于 WorldCat 服务于多个国家的组织，其资源适用于多种语言，WorldCat.org 以多国语言版发布，除了英文版外，还有德文版、法文版、西班牙文版、荷兰文版、葡萄牙文和中文版。

2.1.3.1 查询 WorldCat 图书馆联合目录（http://www.worldcat.org/）

2.1.3.2 WorldCat 图书馆联合目录公共检索系统说明

在 WorldCat 图书馆联合目录检索页面上,可输入一种书刊的名称、主题或人名,结果将显示为一个记录列表,列表中显示了文献题名、作者、文献类型、出版地、出版者和出版年信息。

系统执行检索后,将产生一个命中记录的集合,并将其以每页 10 个记录的一览表方式呈现在检索结果屏幕上,使用屏幕中的下一页或前页可以翻看记录。

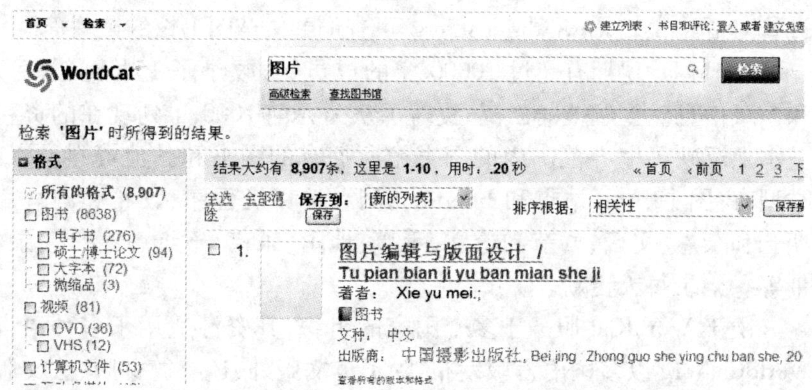

在记录的题名上单击鼠标,就能看到一个记录的详细信息,通常由命中文献的题名、作者、文献类型、出版地、出版者、出版日期、国际标准编号、OCLC 系统号和主题词组成。在链接一个记录后,用户可输入一个地理信息,例如邮编、州名、省名或国家名等,就可接收到一个拥有该馆藏的邻近图书馆的列表,点击一个图书馆就可链接到该馆的联机编目记录(请注意:有些链接需要换成国际登录),然后可启动它的流通或直接检索电子内容。用户通过点击"图书馆"按钮,可以查询到世界各地拥有该文献的图书馆;在"详细书目"栏目,用户不仅可以浏览文献的目录信息,而且还可以为该文献增加目录信息和注释。①

① 周晨,梁蕙玮,. WorldCat 数据库的网上检索[J]. 现代情报,2007(2):53-55,58

2.2 利用电子数据库

数字化时代,电子数据库一般经过广泛的资源搜集和严格筛选后,按科学分类体系和便于利用的方式组织资源,形成导航库后,再在数字图书馆门户上进行发布。

资源导航,通俗地讲,就是“为资源找人,为人找资源”。传统图书馆时代,资源导航就是图书馆的基本工作内容。随着网络信息技术的发展和数字化信息的迅速增长,每个图书馆都拥有了各类数据库,自建的电子书数据库、特色数据库等数字资源种类丰富,内容繁多,信息量巨大。面对如此海量的资源,用户更需要资源导航继续发挥指引作用。①

国家图书馆数字资源导航是对数据库列表的增强和改进,它保留了原来数据库列表简洁明了的浏览功能,并按类型进行划分,同时还增加了 A—Z 列表浏览、按学科进行浏览以及按名称检索数据库的功能,其访问地址为:http://dportal.nlc.gov.cn:8332/nlcdrss/szzy/sjklb_cn.htm,主要从以下 6 个部分进行揭示:

2.2.1 中文数据库

截至 2010 年底国家图书馆外购数据库以及自建的特色资源库共计 105 个。

按类型划分为 10 种:电子图书、全文期刊、电子报纸、学位/会议论文、专利/标准、数值事实、索引文摘、工具类、音视频和特色资源,对每个数据库从资源名称、收录年限、资源介绍、访问方式 4 个角度进行了介绍。

---

① 陈蕾.试析高校数字图书馆资源导航的发展趋势[J].浙江高校图书情报工作,2010(6):26-29,49

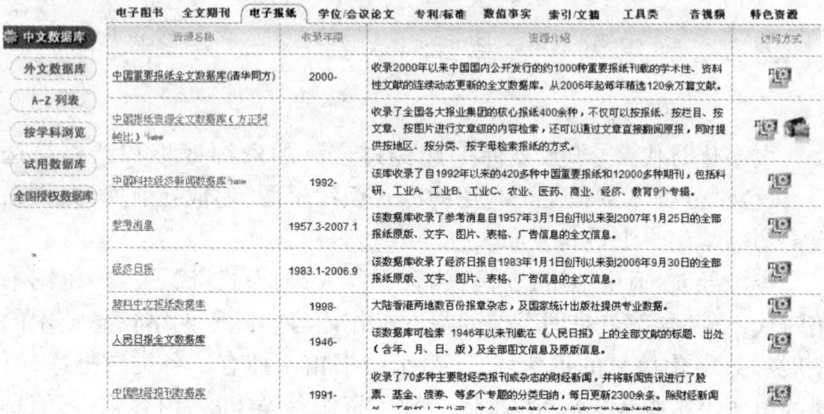

电子图书 全文期刊 电子报纸 学位/会议论文 专利/标准 数值事实 索引/文摘 工具类 音视频 特色资源

中文数据库 外文数据库 A-Z 列表 按学科浏览 试用数据库 全国授权数据库

资源名称	收录年限	资源介绍	访问方式
中国重要报纸全文数据库(清华同方)	2000-	收录2000年以来中国国内公开发行的约1000种重要报纸刊载的学术性、资料性文献的连续动态更新的全文数据库。从2006年起每年精选120余万篇文献。	
中国报纸资源全文数据库（方正阿帕比）		收录了全国各大报业集团的核心报纸400余种，不仅可以按报纸、按栏目、按文章、按图片进行文章级的内容检索，还可以通过文章直接翻阅原报，同时提供按地区、按分类、按字母检索报纸的方式。	
中国科技经济新闻数据库	1992-	该库收录了自1992年以来的420多种中国重要报纸和12000多种期刊，包括科研、工业A、工业B、工业C、农业、医药、商业、经济、教育9个专辑。	
参考消息	1957.3-2007.1	该数据库收录了参考消息自1957年3月1日创刊以来到2007年1月25日的全部报纸原版、文字、图片、表格、广告信息的全文信息。	
经济日报	1983.1-2006.9	该数据库收录了经济日报自1983年1月1日创刊以来到2006年9月30日的全部报纸原版、文字、图片、表格、广告信息的全文信息。	
慧科中文报纸数据库	1998-	大陆香港两地数百份报章杂志，及国家统计出版社提供专业数据。	
人民日报全文数据库	1946-	该数据库可检索 1946年以来刊载在《人民日报》上的全部文献的标题、出处（含年、月、日、版）及全部图文信息及原版信息。	
中国财经报刊数据库	1991-	收录了70多种主要财经类报刊或杂志的财经新闻，并将新闻资讯进行了股票、基金、债券、等多个专题的分类归纳，每日更新2300余条。除财经新闻	

2.2.2 外文数据库

截至2010年底，国家图书馆外购了114个外文数据库，按类型划分为10种：电子图书、全文期刊、电子报纸、学位/会议论文、专利/标准、数值事实、索引文摘、工具类、音视频和特色资源，对每个数据库从资源名称、收录年限、资源介绍、访问方式4个角度进行了介绍。

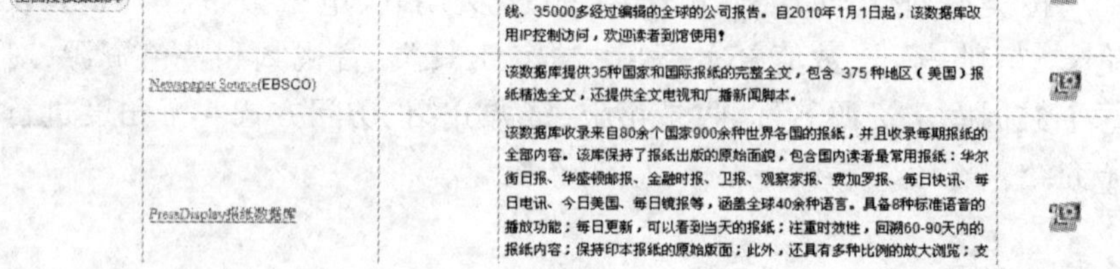

电子图书 全文期刊 电子报纸 学位/会议论文 专利/标准 数值事实 索引/文摘 工具类

中文数据库 外文数据库 A-Z 列表 按学科浏览 试用数据库 全国授权数据库

资源名称	收录年限	资源介绍	访问方式
Access World News(世界各国报纸全文库)		数据库全库提供1300多种世界各国家和地区最受欢迎和普遍阅读的报纸电子版全文，我馆订购了其中的120余种报纸。	
Business and Company Resource Center（GALE）	1998-	可检索来自于 2800 多份商业全文期刊和 100 多份报纸的 45 万家公司及 8,000 个行业协会的详细信息。	
Factiva数据库		提供来自159个国家的、以22种语言出版的重要商业信息。整合了Dow Jones Interactive和Reuters Business Briefing两大资源库的一万多种出版物。包括2300余种报纸、4200余种期刊和杂志、640多区域性的和行业性的新闻专线、35000多经过编辑的全球的公司报告。自2010年1月1日起，该数据库改用IP控制访问，欢迎读者到馆使用！	
Newspaper Source(EBSCO)		该数据库提供35种国家和国际报纸的完整全文，包含 375 种地区（美国）报纸精选全文，还提供全文电视和广播新闻脚本。	
PressDisplay报纸数据库		该数据库收录来自80余个国家900余种世界各国的报纸，并且收录每期报纸的全部内容。该库保持了报纸出版的原始面貌，包含国内读者最常用报纸：华尔街日报、华盛顿邮报、金融时报、卫报、观察家报、费加罗报、每日快讯、每日电讯、今日美国、每日镜报等，涵盖全球40余种语言。具备8种标准语音的播放功能；每日更新，可以看到当天的报纸；注重时效性，回溯60-90天内的报纸内容；保持印本报纸的原始版面；此外，还具有多种比例的放大浏览；支	

2.2.3 A—Z 列表

该部分可对国家图书馆外购和自建的数据库按照名称的首字母浏览，主要是以子库的形式进行组织。

中文数据库
外文数据库
A-Z 列表
按学科浏览
试用数据库
全国授权数据库

中文数据库：A B C D E F G H I J K L M N O P Q R S T U V W X Y Z 其他
外文数据库：A B C D E F G H I J K L M N O P Q R S T U V W X Y Z 其他

资源名称	收录年限	资源介绍	访问方式
Columbia International Affairs Online (CIAO)哥伦比亚大学国际事务研究 NEW	1991-	该库内容涵盖国际事务研究、政治科学、社会科学、法律和国际金融与贸易。试用截止日期：2011年7月4日。	
		……ury's 香港法，香港法例评注，……研究信息。试用截止日期：2011	
ProQuest Historical Newspapers NEW	1764-2005	提供亚特兰大宪章报、亚特兰大每日世界、巴尔的摩太阳报、波士顿环球报、芝加哥保卫者报、芝加哥论坛报等25种报纸的全文访问。试用截止日期：2011年6月5日。	
British Periodicals NEW	1680-1930	提供1680年至1930年期间近500种英国期刊的数字化页面图像及全文检索。覆盖学科包括文学、哲学、历史、科学、社会科学、美术、戏剧、考古以及建筑。试用截止日期：2011年6月5日。	
EIU CountryData -《EIU国家数据》 NEW	1980-	提供全球201个国家与地区的宏观经济历史与预测数据，每个国家320个指标系列，含年度、季度、月度数值，数值从1980到2035年。同时，还提供全球45个地区和次地区的经济总量数据、各国近期经济展望综述报告。每个国家的数据分为以下7大类：人口统计和收入类、国内生产总值类、财政及货币指标类、国际支付类、外部债务存量、外贸与外债偿还类。提供全球28种大宗商品的分析数据及5年价格预测，以及影响价格因素的预测分析，包括产量、消费量和库存水平。试用截止日期：2011年7月4日。	

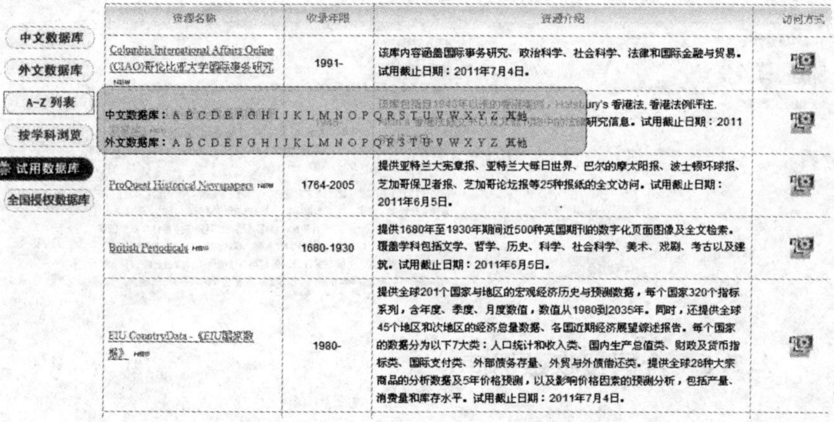

2.2.4 按学科浏览

该部分可对国家图书馆外购和自建的数据库按学科划分并可浏览，主要以子库的形式进行组织。

中文数据库
外文数据库
A-Z 列表
按学科浏览
试用数据库
全国授权数据库

社会科学总论 哲学/宗教/心理 经济/管理 政治/法律 文化/科学/教育/体育 历史/地理 军事
语言/文学/艺术 数学/物理/化学 天文学/地球科学 生物学 计算机/自动化 电子/电器/电工/电信
动力/机械/能源 水利工程/建筑学 材料科学/其它工业技术 航空航天/交通运输
环境科学/安全科学 农业科学 医学 综合性图书

资源名称	收录年限	资源介绍	访问方式
Columbia International Affairs Online (CIAO)哥伦比亚大学国际事务研究 NEW	1991-	该库内容涵盖国际事务研究、政治科学、社会科学、法律和国际金融与贸易。试用截止日期：2011年7月4日。	
	1946-	该库包括自1946年以来的香港案例，Halsbury's 香港法，香港法例评注，……研究信息。试用截止日期：2011	
		……巴尔的摩太阳报、波士顿环球报、……的全文访问。试用截止日期：	
		……的数字化页面图像及全文检索。……社会科学、美术、戏剧、考古以及建筑。试用截止日期：2011年6月5日。	

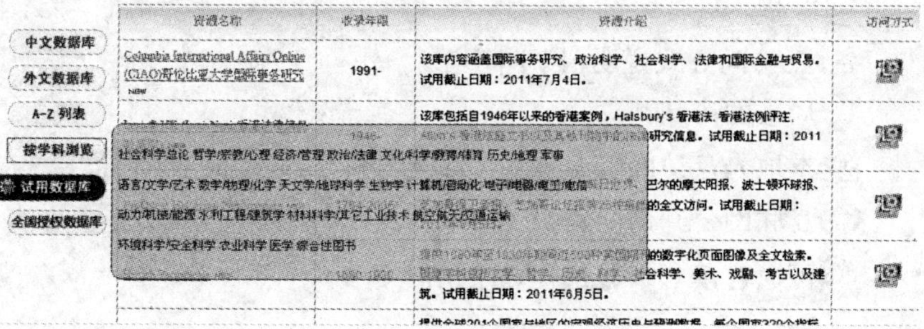

2.2.5 试用数据库

中文数据库
外文数据库
A-Z 列表
按学科浏览
试用数据库
全国授权数据库

资源名称	收录年限	资源介绍	访问方式
Columbia International Affairs Online (CIAO)哥伦比亚大学国际事务研究 NEW	1991-	该库内容涵盖国际事务研究、政治科学、社会科学、法律和国际金融与贸易。试用截止日期：2011年7月4日。	
Lexis® HK (LexisNexis香港法律信息数据库) NEW	1946-	该库包括自1946年以来的香港案例，Halsbury's 香港法, 香港法例评注, Atkin's 香港法庭文书以及其他刊物中的法律研究信息。试用截止日期：2011年5月31日。	
ProQuest Historical Newspapers NEW	1764-2005	提供亚特兰大宪章报、亚特兰大每日世界、巴尔的摩太阳报、波士顿环球报、芝加哥保卫者报、芝加哥论坛报等25种报纸的全文访问。试用截止日期：2011年6月5日。	
British Periodicals NEW	1680-1930	提供1680年至1930年期间近500种英国期刊的数字化页面图像及全文检索。覆盖学科包括文学、哲学、历史、科学、社会科学、美术、戏剧、考古以及建筑。试用截止日期：2011年6月5日。	
EIU CountryData -《EIU国家数据》 NEW	1980-	提供全球201个国家与地区的宏观经济历史与预测数据，每个国家320个指标系列，含年度、季度、月度数值，数值从1980到2035年。同时，还提供全球45个地区和次地区的经济总量数据、各国近期经济展望综述报告。每个国家的数据分为以下7大类：人口统计和收入类、国内生产总值类、财政及货币指标类、国际支付类、外部债务存量、外贸与外债偿还类。提供全球28种大宗商品的分析数据及5年价格预测，以及影响价格因素的预测分析，包括产量、	

2.2.6 全国授权数据库

中文数据库
外文数据库
A-Z 列表
按学科浏览
试用数据库
全国授权数据库

资源名称	收录年限	资源介绍	访问方式
Emerald回溯数据库	1898-2000	Emerald以出版人文、社会科学期刊和图书为主，本次开通的全国在线内容包含178种全文期刊，超过11万篇的全文内容，涉及商业管理、信息科学、材料科学及工程学等领域，年代自1898至2000年。	
SAGE回溯期刊数据库	1879-2011	SAGE是一家专注于出版人文与社会科学、科技、医学领域的学术期刊出版社，本次开通的全国在线内容包括380多种期刊，共计3.2万多期、460多万页的41.8万篇全文，年代从创刊起至1998年。	

备注:访问方式说明(以下同):

局域网访问

本地光盘访问资源

互联网公开访问资源

可通过读者卡号远程登录访问

可通过代理服务器远程访问①

全国授权数据库

2.3 利用网络资源

随着网络的迅猛发展,工作生活学习已经离不开网络,越来越多的人选择了网络作为获取信息的主要渠道。由于网络信息资源种类繁多,网络信息资源的获取也不是容易的事。

2.3.1 网络资源的定义

网络资源,是指以数字形式将文本、图像、声音、动画等多种形式的信息存储于光磁等载体中,并通过网络通讯、计算机或终端等方式提供利用的各种信息资源的总和。网络资源具有内容丰富,整体分布混乱,信息动态变化、时效性强,检索快捷迅速的特点。

2.3.2 网络资源可利用的内容的要求

(1)科学性和客观性

首先,网络信息的内容要具有科学性,有一定的科学研究的价值,并采用科学的方法和形式进行阐述。其次,网络信息要具有客观准确性,列出可供核查事实的信息来源、事实数据和依据,同时也要看网络信息是否公正,提供的事实中是否混同于有倾向性的宣传和评论,并且在介绍有争议的观点时持中立立场,并提供公正的评判。

(2)独特性和新颖性

人们通常利用发布时间较新且比较独特、有参考价值的文献,对于网络信息资源利用更是如此。网络信息所反映的主题是否特别、是

① 国家图书馆数字资源导航.(2011 - 05 - 15).http://dportal.nlc.gov.cn:8332/nlcdrss/szzy/sjklb_zhinan.htm

否还有其他的提供方式(如是否有印刷形式或者别的电子形式,其他载体形式往往能影响其价值)、网络信息创建或发布的日期以及最近的更新日期、更新间隔周期等,都会影响人们的利用效能。同时,网络信息要具有相对的独特性,只有信息内容独特,观点新颖,才能提升网络资源的价值,提高利用效率。

2.3.3 网络资源的获取途径和检索性

通常人们查阅某一主题的网络资源时,习惯链接到其相关主题的文献信息,扩大检索范围,以防漏检所需信息。因而,网络信息的超链接将位于不同页面及其上面的各种文献信息(文字、图像、表格等)有效连接起来,具有很大的灵活性,方便用户检索相关文献信息。而且,查找网络资源,最终是为了利用,而用户所需要的文献信息是否具有易检性,检索途径是否方便,利用起来是否顺畅等,这些都会影响到用户对文献质量的选择和评价。所以,用户更喜欢利用方便、易检的文献信息,而对于难以检索到的文献信息就知难而退了。总的来说,用户访问和点击率越高的网站,用户的评价就越高;用户评价越高的网站,其网络信息资源的价值在某种程度上就会越大;网络信息资源的价值越大,用户的利用率也就越高。[①]

2.3.4 网络资源的类型

学术性的资源不仅限于图书馆网络数据库资源与目录,还有更多有价值的学术信息散布在网络上。充分利用网络资源,可以帮助我们拥有一个更广泛、更及时、更有效的信息资源环境。网络资源都有一个自己的网址,这个网址代表着这个网页或是网站的位置,指示如何找到它们。一般而言,我们可以把网页的内容分为几大类:个人网页、公司/企业/营利机构网页、政府网页、非政府机构、专业组织网页、教育机构网页。如何辨别网站的性质呢?请见下面的分类表。

---

① 网络资源.(2011-05-15).http://baike.baidu.com/view/21050.htm

. edu	教育学术
. gov	官方政府单位
. net	网络管理或服务机构
. org	财团法人或基金会等非官方的一般机构
. int	国际性组织
. com	商业企业团体与组织
. ac. cn	科学研究机构(包括中国科学院)

2.3.5 开放获取(OA)资源

2002 年 2 月 14 日发表的《布达佩斯开放存取计划》(Budapest Open Access Initiative)对 Open Access(开放获取,以下简称 OA)的定义如下:指某文献在 Internet 公共领域里可以被免费获取,允许任何用户阅读、下载、拷贝、传递、打印、检索、超级链接该文献,并为之建立索引,用作软件的输入数据或其他任何合法用途。用户在使用该文献时不受财力、法律或技术的限制,而只需在存取时保持文献的完整性,对其复制和传递的唯一限制,或者说版权的唯一作用应是使作者有权控制其作品的完整性及作品被准确接受和引用。

"开放获取"是基于订阅的传统出版模式以外的另一种选择。这样,通过新的数字技术和网络化通信,任何人都可以及时、免费、不受任何限制地通过网络获取各类文献,包括经过同行评议过的期刊文章、参考文献、技术报告、学位论文等全文信息,用于科研教育及其他活动,从而促进科学信息的广泛传播,学术信息的交流与出版,提升科学研究的共利用程度,保障科学信息的长期保存。这是一种新的学术信息交流的方法:作者提交作品不期望得到直接的金钱回报,而是提供这些作品使公众可以在公共网络上利用。这类信息资源有非常大的利用价值。

开放获取的基本特征:

(1)作者和版权人允许用户免费获取、拷贝或传播其数字化信息,其前提是尊重其版权。

(2)完整的论著存储在至少一个稳定、可靠的网络服务器中,以确保免费阅读,不受约束地传播和长期的数据库式储存。

2.4 利用搜索引擎

风靡全球的因特网是全球规模最大的信息源基地,因特网上的信息像原子裂变一样迅速膨胀,要想在浩瀚无边的信息海洋中迅速而准确地获取自己需要的信息,没有专门的搜索工具,任何人只能望网兴叹。在这种情况下,网络搜索引擎应运而生。那么什么是搜索引擎?如何选择搜索引擎?怎样使用搜索引擎?

2.4.1 什么是搜索引擎

搜索引擎其实也是一个网站,只不过该网站专门为提供信息“检索”服务,它使用特有的程序把因特网上的所有信息归类以帮助人们在浩如烟海的信息海洋中搜寻到自己所需要的信息。搜索引擎按其工作的方式分为两类:一类是分类目录型的检索,把因特网中的资源收集起来,由其提供的资源的类型不同而分成不同的目录,再一层层地进行分类,人们要找自己想要的信息可按他们的分类一层层进入,就能最后到达目的地,找到自己想要的信息;另一类是基于关键词的检索,这种方式用户可以用逻辑组合方式输入各种关键词(Keyword),搜索引擎根据这些关键词寻找用户所需资源的地址,然后根据一定的规则反馈给用户包含此关键字词信息的所有网址和指向这些网址的链接。随着因特网信息按几何级增长,这些搜索引擎利用其内部的一个叫 SPIDE(蜘蛛)的程序,自动搜索网站每一页的开始,并把每一页上代表超级链接的所有词汇放入一个数据库,供用户来查询。

2.4.2 如何选择搜索引擎

现在互联网上大大小小的搜索引擎大约有几百个之多,而且每个都声称自己是最好的。要是随便抓起来就用,只会是事倍功半,甚至越搜索越糊涂。所以,花一点工夫挑选恰当的搜索工具,是万万省不得的。

那么什么样的搜索工具才称得上恰当呢?一般来说,有以下几条判断标准。

(1)快速。查询速度是搜索引擎的重要指标,优秀的搜索工具内部应该有一个含时间变量的数据库,能保证快速查询到最新的和最全面的信息。

(2)准确。准确性高是我们使用搜索引擎的宗旨。好的搜索引擎内部应该含有一个相当准确的搜索程序,搜索精度高,查到的信息总能与我们的要求相符。

(3)易用。易用也是我们选择搜索引擎的参考标准之一,一个搜索引擎是否能搜索整个互联网,而不仅仅限于万维网?搜索结果出来之后,我们能改变描述的长短或者改变显示结果页面的数量吗?能否实现这些功能,应该是选择搜索引擎的重要考虑因素。

(4)强劲。理想的搜索引擎应该既有简单查询的能力,也应该有高级搜索的功能。高级查询最好是图形界面,并带有选项功能的下拉菜单,可以使用像 AND(或 & 号)、OR(或 | 号)、NOT(或! 号)以及"()"等操作符来连接词或词组,这样可以缩小搜索范围,甚至可以限定日期、位置、数据类型等。

2.4.3 搜索引擎有哪些常用技巧

各个搜索引擎都提供一些方法来帮我们精确地查询内容,使之符合我们的要求。不同的搜索引擎,提供的查找技巧和实现的方法各有不同,但一些常见的技巧是差不多的。

(1)简单信息查找

简单查找是最常用的方法,当我们输入一个关键词时,搜索引擎就把包括关键词的网址和与关键词意义相近的网址一起反馈给我们。例如,查找"科技"一词时,模糊查找就会把"科学"、"科委"、"技术"等内容的网址一起反馈回来。

(2)使用双引号进行精确查找

简单查找往往会反馈回大量不需要的信息,如果查找的是一个词组或多个汉字,最好的办法就是将它们用双引号括起来,这样得到的结果最少、最精确。例如在搜索引擎的 Search(查询)框中输入"电脑技术",就等于告诉搜索引擎只反馈回网页中有"电脑技术"这几个关键字的网址,这会比输入电脑技术得到更少、更好的结果。

(3)使用加减号限定查找

很多搜索引擎都支持在搜索词前冠以加号(+)限定搜索结果中必须包含的词汇,用减号(-)限定搜索结果不能包含的词汇。例如:要查找的内容必须同时包括"北京、信息、网络"3 个关键词时,就可用"北京+信息+网络"来表示;再例如:要查找"电脑",但必须没有"技术"字样,就可以用"电脑-技术"来表示。

(4)使用逻辑词辅助查找

比较著名的搜索引擎都支持使用逻辑词进行更复杂的搜索设定,常用的有:AND(和)、OR(或)、NOT(否,有些是 AND NOT)及 NEAR(两个单词的靠近程度),恰当应用它们可以使结果非常精确,如要查找的内容必须同时包括"beijing、infomation、network"3 个关键词时,就可用 beijing AND infomation AND network 来表示。另外,也可以使用括号将搜索词分别组合。

2.4.4 如何使用搜索引擎

搜索引擎分几种,工作方式也不同,因而导致了信息覆盖范围方面的差异。我们平常搜索仅集中于某一家搜索引擎是不明智的,因为再好的搜索引擎也有局限性,合理的方式应该是根据具体要求选择不同的引擎。

我们日常信息需求大致可分为两种，一种是寻找参考资料，另一种是查询产品或服务。那么对应的搜索引擎选择就应该是全文搜索引擎(Full-Text Search Engine)和目录索引(Search Directory)。

对前一种需求来说，由于目标非常具体，而目录索引中链接条目所容纳的信息量有限，无法满足我们的要求，因此全文搜索引擎便自然成了我们的选择。按照全文搜索引擎的工作原理，它从网页中提取所有的文字信息，所以匹配搜索条件的范围就大得多，也就能满足哪怕是最不着边际的信息需求。这也就是为什么现在多数目录索引都采用其他全文搜索引擎提供二级网页搜索的原因。

相反，如果我们找的是某种产品或服务，那么目录索引就略占优势。因为网站在提交目录索引时都被要求提供站点标题和描述，且限制字数，所以网站所有者会用最精练的语言概括自己的业务范围，让人看来一目了然。而多数全文搜索引擎直接提取网页标题和正文作为链接的标题和描述。用过全文搜索引擎的人都有这样的体会，就是搜索结果显示的信息往往过于杂乱，让人无法一眼就判断出该网站的性质。此外，当你要搜集某一类的网站资料时，目录索引的分类目录就是你天然的宝库。①

常用搜索引擎一览表

国外搜索引擎：	
搜索目标(英文)	搜索引擎/目录索引
一般资料	Google
资料涉及非常冷僻的领域	AllTheWeb
特殊资料(其他主要引擎都查不到时)	InfoSeek/WebCrawler/Vivisimo 等多元引擎

① 搜索引擎使用——教你如何更好地搜索. (2011－05－15). http://www.se-express.com/search.htm

续表

产品或服务	Yahoo
国内搜索引擎：	
搜索目标（中文）	搜索引擎/目录索引
一般资料	Google/
古汉语（诗词）类资料	百度
产品或服务	搜狐、新浪（质量较高）/网易（较全）

总之，当我们使用搜索引擎时，应该充分利用它们各自的优点，以得到最佳最快捷的查询结果。

2.5 利用馆际互借与文献传递

为弥补本馆馆藏之不足，取得本馆未存藏之资料，可以利用馆际互借和文献传递服务，获取所需资料。

2.5.1 国内有关图书馆馆际互借与文献传递定义的表述

《中国大百科全书》的定义为：“图书馆之间根据协定相互利用对方馆藏以满足本馆读者需要的文献外借方式。它是馆际合作的一种形式。”

《图书情报词典》对馆际互借的定义为：“馆际互借是图书情报机构之间根据事前订立的并保证遵守的互借规则，相互利用对方的藏书，以满足读者需要的服务方式。”①

《图书馆学与资讯科学大辞典》指出：“文献传递服务是应使用者对特定的已确知的出版或未出版文献的需求，由图书馆或商业服务单位等资料供应者将需要的文献或其代用品在适当的时间内，以有效的

① 王绍平．图书情报词典【M】．上海：汉语大词典出版社，1990：847

方式与合理的费用,直接或间接传递给使用者的一种服务。”①

刘霞把文献传递定义为:“是将用户需要的文献从文献拥有地直接传递给用户的一种服务,它起源于馆际互借,但馆际互借指的是图书、期刊等文献载体的直接外借服务方式,而文献传递则是指不提供原件,只提供复制件的文献外借服务,它是一种非返还式的馆际互借,具有返还馆际互借无可比拟的优点。”②

2.5.2 国外有关图书馆馆际互借与文献传递定义的表述

勒·烈文孙(苏联)在其文中说:“馆际互借——图书馆与图书馆之间,通过一定的约定,按照一定的借书规则,彼此互相借用图书,叫做馆际互借,馆际互借是在对图书所有权不变更的情况下,以一方之所有满足另一方之所无。”

Smith 在其文中说:“在北美馆际互借用于表示公共性质的图书馆或文献信息机构之间的互借文献;而文献传递表示商业性质的文献传递服务。”

Lor 将“文献传递”界定为从收费性质的商业性文献信息机构获取复印或电子版文献而开展的业务,而馆际互借是指图书馆之间根据相互签订协议而提供短期的文献借阅业务,即使出借馆提供的是原文复印件。③

Martin 指出:面对文献资源的不足,图书馆的传统对策是馆际互借,这是图书馆之间的交易,而不是个人之间的。信息环境的日益复杂引入第二种对策——文献传递。尽管两者之间有着相同之处,但是区别是很大的。最大的区别在于馆际互借基于图书馆之间的协议,而文献传递是个人交易,利用图书馆尽力将文献传递给个人,是以提供

① 胡述兆. 图书馆学与咨讯科学大辞典【M】. 台北:汉美图书有限公司,1995:109－110

② 刘霞. 高校地区性文献传递系统的构建与运行. 图书情报工作,2001(9):60－63,90

③ P. J. Lor. Document supply. In Maurice Line. Librarianship and information work worldwide:1995 London:Bowker-Saur[J],1995:259－298

和申请的经济前提为基础。①

2.5.3 国外图书情报类文献提供机构

(1)英国图书馆文献提供中心——BLDSC(http://www.bl.uk/articles)

BLDSC(the British Library Document Supply Center)是1973年由英国国会艺术图书馆与国家科技借阅图书馆合并成立的,最初名为英国图书馆借阅部,1985年更名为现在的英国图书馆文献提供中心。BLDSC以文献资料丰富、服务周到、配送及时而闻名。

目前BLDSC拥有1.5亿条400种文字的文献资源,资料涵盖时间从18世纪至今,几乎覆盖科技、社科、人类学等各学科范畴和所有文献类型,系列会议文献和年代久远书刊的收藏是其馆藏特点。该中心各类科技专著的收藏量已达280多万册,且每年还有4万册各类新文献入藏。举世无双的海量馆藏(尤其是期刊)为其开展文献传递提供了强有力的保障,使其成为英国国际互借文献传递的最后出借者。该中心文献传递范围十分广泛,包括期刊、图书、会议文献、缩微资料、报

---

① Murray S. Martin. Interlibrary loan and document delivery: cost and fees. The bottom line: managing library finances[J], 1996, 9(4): 27-31

纸、政府出版物、专利文献、科技报告、学位论文、乐谱、影像资料以及未通过正常渠道出版的灰色文献等所有文献类型，涵盖医学、工程学、药学、纯科学、食品和农业、经济、环境、教育、法律、工业等各种学科范畴。

(2)美国联机计算机图书馆中心——OCLC(www. oclc. org/)

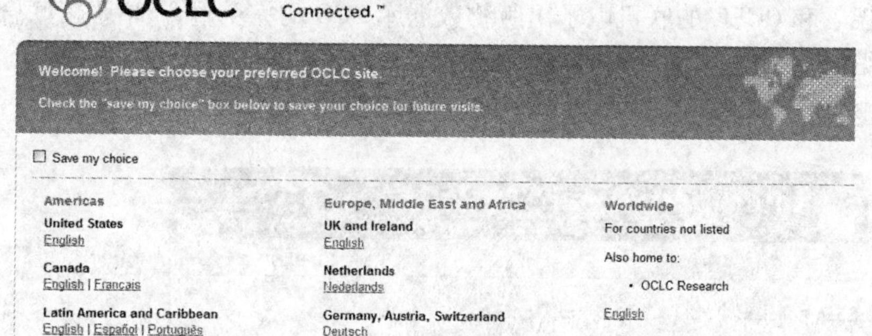

美国联机计算机图书馆中心(OCLC)是世界上最大的图书馆自动化联机网络中心，也是世界上较大的提供文献信息服务的机构。OCLC 是一个非营利性的全世界图书馆界的组织，它的前身是 1967 年成立的美国俄亥俄学院图书馆中心(Ohio College Library Center)，由于中心服务范围的扩大，图书馆成员的增多，1981 年更名为联机图书馆中心，总部设在美国俄亥俄州的都柏林。OCLC 自 1979 年开展馆际互借服务以来，已联合了 84 个国家的 50540 家图书馆和教育科研机构，[①]接受国内外大量的馆际互借请求，馆际互借满足率高达 95%，[②]成为一家具有全球意义的文献传递中心.

OCLC 的第一检索服务系统——FirstSearch 是专为图书馆用户设计的一种新的联机信息服务，主要向用户提供数据库检索服务和原文

① 吕青. 介绍国外权威文献传递服务机构. 图书馆建设,2006(6):55－57

② 赵冬梅. 高校馆际互借文献传递的实践与思考. 晋图学刊,2008(2):8－11,20

传递服务。目前通过该系统可检索70多个数据库涉及13个主题范畴,其中30多个库可检索到全文,总计包括11600多种期刊的联机全文和4500多种期刊的联机电子映像,达1000多万篇全文文章。这些数据库涉及广泛的主题范畴,覆盖了各个领域和学科,其中,最有影响力的数据库就是世界书目 WorldCat 数据库,WorldCat 包含世界上400余种语言文字的超过15亿份记录,而且还在以平均每10秒钟增加1条新记录的速度递增,[①]每4秒钟发生一次馆际互借。FirstSearch 实现了和 OCLC 的联机电子出版物数据库 ECO 的完全整合,增强了联合编目数据库 WorldCat 的馆藏信息,实现了各库间的联机全文共享。

(3)美国国会图书馆——LC(http://www.loc.gov/rr/loan/)

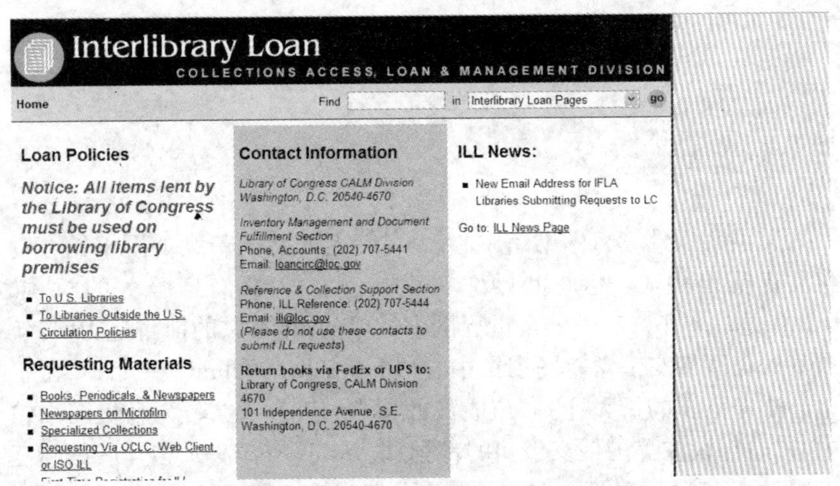

美国国会图书馆(Library of Congress,LC)建于1800年,以1.28亿册的馆藏量成为图书馆历史上的巨无霸,图书馆书架的总长超过800公里。这些馆藏中超过三分之二的书籍是以多媒体形式存放的。其中包括很多稀有图书、特色收藏、世界上最大的地图、电影胶片和电视片等(除农业技术和临床医学方面的信息分别由国家农业图书馆和

① 欧阳少春.OCLC成功的三大要素.图书情报工作,2004,48(7):23-26

国家医学图书馆收藏外,其他信息均被国会图书馆收藏)。[①] 国会图书馆最初设计的目标是为国会议员及其他政府机构的公职人员服务,随着规模的不断扩大,其服务范围已远远超过国会和华盛顿地区。它现在可以说是立足美国,面向世界的一个大信息中心、研究中心。

LC 的馆际互借与文献提供服务属于馆藏获取、借阅与管理部门(Collections Access, Loan&Management Division, CALM Division)管辖。对于美国国内的图书馆,LC 可以给他们提供在当地无法获取的文献,这些图书馆必须加入一个馆际互借系统才有资格提交申请,这些图书馆必须是美国较大的书目网络的成员(如 OCLC 或 SHARES),或者在美国图书馆目录或美国专业图书馆(Bowker)和信息中心目录(Gale)中登记才行。美国国内的图书馆可以通过 OCLC、LC ILLiad 系统或者符合 ISO 馆际互借标准的系统申请文献。LC 不接受国内图书馆的邮件和传真申请。

(4)德国教育科研部——Subito(http://www.subito-doc.de/index.php?lang=en&mod=page&pid=Dokumentlieferung/)

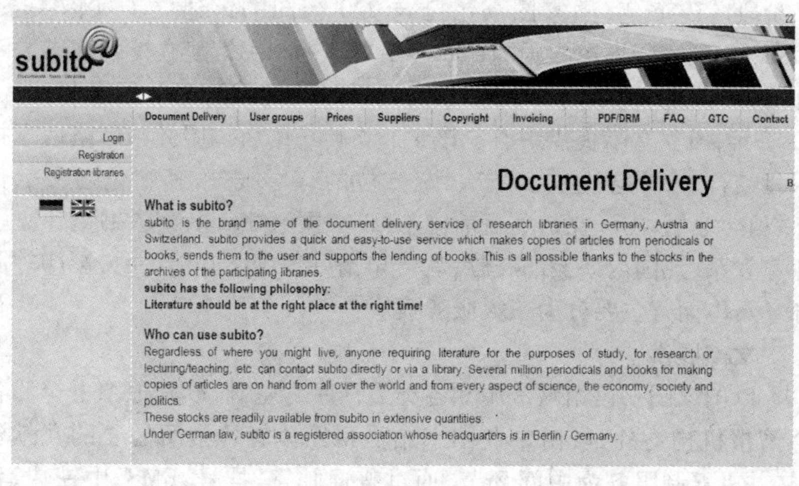

① 美国国会图书馆.(2011-05-11).http://baike.baidu.com/view/190913.htm

Subito 是德国、奥地利、瑞士研究图书馆文献传递服务的商标，是德国教育科研部为了加快文献资料提供速度而建立起来的国际性的图书馆文献传递服务系统，现有德国、奥地利、瑞士等国的 37 个图书馆参加，总部设在德国首都柏林。Subito 依赖于 37 个成员馆的几百万种期刊及图书，这些文献形成了一个为科学、经济、社会等所有领域提供信息的重要基地。它直接面向用户提供文献传递服务，服务对象主要为德国、奥地利、瑞士和列支敦士登等国家的非商业性用户，用户在享受文献传递服务前必须先注册成为系统合法用户。Subito 提供两种文献传递服务方式：Subito-Article-Delivery（Subito 文章传递）和 Subito-Book-Delivery（Subito 图书传递）。

2.5.4 国内图书情报类文献提供机构

（1）国家图书馆文献提供中心

国家图书馆是最早开展馆际互借和对外文献交流的图书馆。1927 年起开展馆际互借工作。1949 年，国家图书馆馆际互借处于初级阶段。1956 年，国家图书馆已与 240 个图书馆建立了互借关系。1988 年，国家图书馆与国内 300 多个单位的图书馆建立馆际互借关系并与 94 个图书馆建立了国际互借关系，其中涉及 35 个国家和地区。1997 年，成立文献提供中心。该中心将传统的咨询服务与网络信息技术相结合，为社会提供多层次、全方位的有偿服务，其中包括文献传递、馆际互借、国际互借。目前已与 63 个国家 500 多家图书馆建立了业务联系，凡国内缺藏的文献，均可申请办理国际互借、原文影印等服务。具体而言主要分为三大服务板块：

文献提供

以国家图书馆馆藏资源和各类数据库为基础，以其他图书馆和各个情报机构为外延，由专业图书馆员帮助读者检索所需要的文献资料，并以复制服务为中间环节，通过普通邮寄、挂号、EMS、中铁快运、网上传递（通过 Ariel、E-mail、FTP）等形式最终实现文献传递"一条龙"服务。可以通过网上申请、E-mail、电话、传真、到馆等多种途径递交查询申请。将在 2 个工作日内响应用户请求。凡经国家图书馆复印的书刊或文章,只能用于个人学习和研究。

馆际互借

满足读者对国图缺藏文献的需求,实现国内范围的资源共享,国图现已与各地图书馆建立了业务联系,在国内范围建立馆际互借关系,最大程度上自愿互利,以便能够更好地为读者服务。详情请见国家图书馆馆际互借和文献传递的规则及国家图书馆馆际互借系统操作方法。

国际互借

国际互借分向国图申请资料和通过国图向国外申请资料两个部分。

向国图申请资料:本业务面向国外用户,其中借书服务对象涵盖各类图书馆,文献提供服务面向所有文献需求者。同时提供各类咨询服务,或将有关问题转至馆内相关部门。所借图书均航空邮寄,文献传递可使用航空邮寄、Ariel 和 E-mail 传递。咨询服务实行先报价再服务方式。

向国外申请资料:为满足我国读者对国内缺藏文献资料的需求,逐步实现世界范围内的资源共享。国家图书馆国际互借已与世界 63 个国家、500 多个图书馆建立了业务联系,并努力以世界各国家图书馆为合作馆,竭诚为国内科研、教育、生产等单位用户提供优质、高效的服务。

馆际互借与文献传递系统

2009 年 2 月份国家图书馆馆际互借与文献传递系统正式投入使用。本项目最终目标是建立满足数字图书馆的发展需要,符合国际与国家标准的、全国性的、一流的馆际互借与文献传递系统。

文献提供网络化服务体系是文献提供中心工作的重要组成部分和对外服务的一个重要窗口,通过 Internet 向广大用户提供文献检索服务。该体系由馆际互借文献传递系统和馆际互借事务信息管理系统组成,任何一个 Internet 用户都可以注册或匿名使用该系统,要求该系统提供所需文献,用户可随时通过系统查询所申请文献的流通状况、个人账户等动态信息,使读者不到图书馆便能轻松地使用文献提供服务功能。

全自动模式指图书馆采用遵循国际馆际互借协议 ISO10160/10161 的文献提供管理系统，系统可实现与联合书刊目录数据库和馆藏系统集成配套使用。用户通过网关检索书目数据库获得文献线索后，屏幕当即显示全文的获取方式、来源馆，甚至文献提供价格等信息供用户选择。用户可在检索界面点击“文献提供馆际互借”按钮，申请信息则自动生成并提交到文献提供管理系统，工作人员可在系统内直接进行文献的扫描和发送，具有很高的时效性。

馆际互借文献传递系统界面(http://202.96.31.83/gateway/index.jsf)

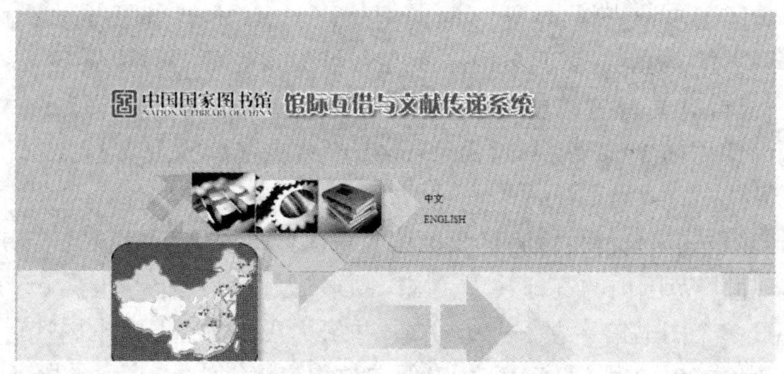

馆际互借事务信息管理系统界面(http://202.96.31.83/nill)

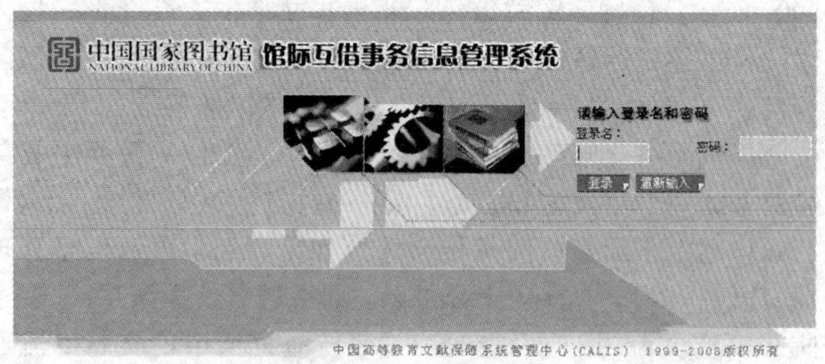

(2)国家科技图书文献中心——NSTL(http://www.nstl.gov.cn/)

国家科技图书文献中心(NSTL)是经国务院批准、科技部牵头于2000年6月组建的一个虚拟的科技文献信息服务机构。成员单位包括中国科学院文献情报中心、工程技术图书馆(中国科学技术信息研究所、机械工业信息研究院、冶金工业信息标准研究院、中国化工信息中心)、中国农业科学院图书馆、中国医学院图书馆。网上共建单位包括中国标准化研究院和中国计量科学研究院。

NSTL的主要任务是面向全国提供馆藏文献的阅览、复印、查询、检索、网络文献全文提供和各项电子信息服务。2000年12月正式开通了NSTL网络服务系统,其目标是根据国家科技发展需要,采集、收藏和开发理、工、农、医各学科领域的科技文献资源,面向全国开展科技文献信息服务。NSTL文献传递系统采用集中式的文献传递模式。NSTL文献提供的主要服务项目包括中外文期刊、会议文献、学位论文、专利等科技文献的全文传递,目前尚未在全国范围内启动返还式馆际互借服务。

(3)中国高等教育文献资源保障体系——CALIS(http://gateway.cadlis.edu.cn/)

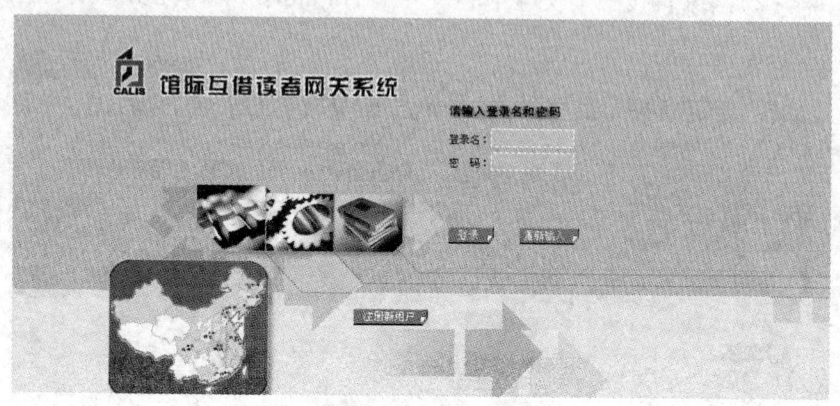

1998 年 11 月，经国务院批准、财政部牵头，由北京大学、清华大学、复旦大学、上海交大、南京大学等 119 所高校图书馆共同组成了中国高等学校文献保障系统（CALIS）。其总体目标是，在教育部的领导下，把国家的投资、现代图书馆理念、先进的技术手段、高校丰富的文献资源和人力资源整合起来，建设以中国高等教育数字图书馆为核心的教育文献联合保障体系，实现信息资源共建、共知、共享，以发挥最大的社会效益和经济效益，为中国的高等教育服务。

CALIS 文献传递网为 CALIS 面向读者或文献服务机构提供馆际互借与文献传递服务的整体形象，它采用基于国际标准的馆际互借协议，通过协议机完成馆际互借的处理、跟踪至结算整个过程，并实现文献传递的自动化管理，其主流服务模式为分布式的文献传递运作模式。读者通过所在成员馆获取 CALIS 文献传递网成员馆丰富的文献收藏。

它的文献传递服务提供部分外文图书、期刊论文、学位论文、会议论文、科技报告、专利文献、电子全文数据库等原文传递，帮助查询国内外文献信息机构的文献和代索取一次文献。

（4）中国高校人文社会科学文献中心——CASHL（http://www.cashl.edu.cn/portal/portal/media-type/html/group/whutgest/page/ywxcd.psml）

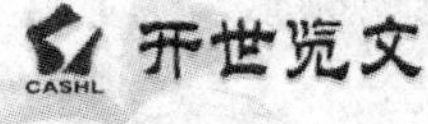

中国高校人文社会科学文献中心（CASHL）是唯一的全国性人文社会科学中外文期刊保障体系，与国家科技图书文献中心和中国高等教育文献保障系统互为优势、互为补充。中心 2004 年 3 月 15 日正式开展文献传递服务，其服务模式和 CALIS 的文献传递相似。

（5）中国科学院国家科学图书馆——CSDL（http://dds. las. ac. cn/Reader/query. jsp）

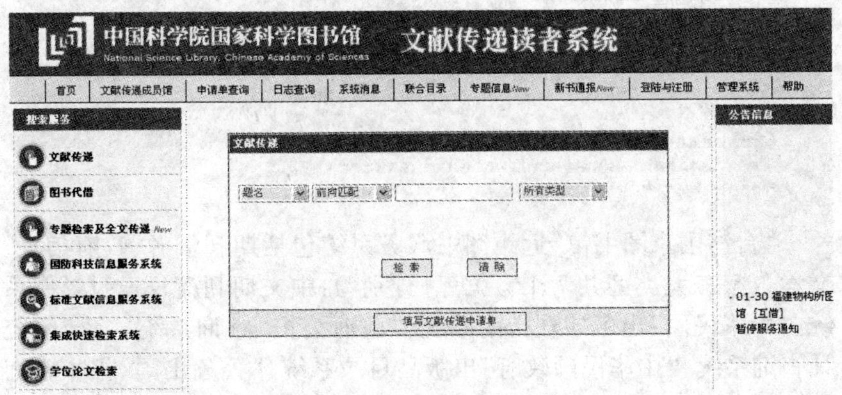

中国科学院国家科学图书馆文献传递系统（简称 CSDL 文献传递系统）建立于 2002 年，2003 年开始服务运行。经过 3 年的实践，从服

务范围、服务质量、服务速度和服务管理等方面都有了很大的发展，现有成员馆 533 家，覆盖公共、高校、科研三大图书馆领域，形成了一个具有一定规模和自身特点的分布式文献传递系统。

CSDL 的资源主要是中西文期刊。有 488 家的 9 万多种中、外文期刊以及中科院系统各图书馆馆藏的图书。随着成员馆的逐渐增加，90% 以上的期刊文献都能从 CSDL 的全文传递系统获取。CSDL 其他方面的文献较少，尤其是学位论文、专利、标准等文献现今还没方法获取。

CSDL 文献传递目前主要为中科院全院系统的科研人员以及研究生服务。全文传递也只对注册用户。获取原文需先成为注册用户。

(6)台湾“国家图书馆”(http://www.read.com.tw/index.html/)

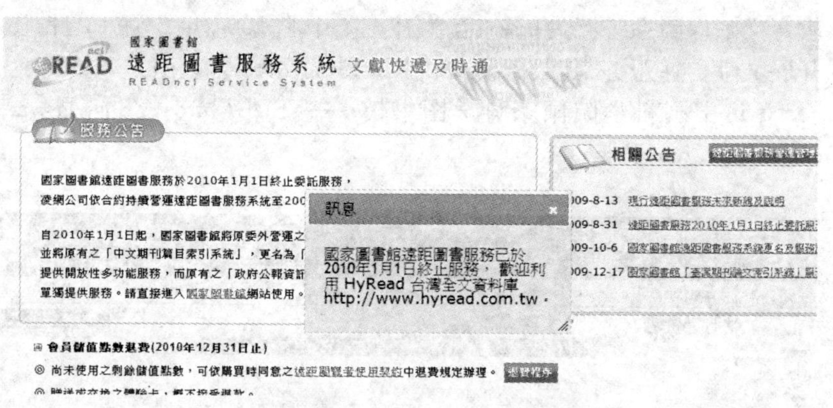

“台湾国家图书馆”远距图书服务系统包括期刊资源、政府信息、文学名家三大类型共 7 个数据库，分别为：中文期刊篇目索引影像系统、“中华民国”出版期刊指南系统、“政府公报”查询系统、“政府”统计查询系统、“中华民国政府”出版品目录系统、“公务出国”报告查询系统、当代文学史料系统。这 7 个数据库收录了近 35 年、超过 4000 种的中西文期刊及学报，书目数据约 200 万篇，已扫描全文影像逾 1000 万页。学科涵盖计算机网络、医疗保健、社会人文、自然科学各领域，提供海内外使用者实时获取台湾信息的最新动态，快速掌握台湾讯息的脉动；完整的搜集、整理珍贵的台湾文学史料，是国内外进行台湾文学研究、教学、阅读的重要信息来源。

3　如何搜集图书

图书是用文字、图画或其他符号手写或印刷于纸张等形式的载体上并具有相当篇幅的文献。图书是人类社会发展到一定阶段的产物，是作为记录和保存知识、表达思想、传播信息的手段而出现的。

图书曾经历过几个不同的历史阶段。文字的发明并用于记录知识，使人类进入文明时代，这一阶段图书以载体材料的多样为特点。如古埃及用纸草，巴比伦用泥板，欧洲中世纪用羊皮、蜡版，印度用棕榈树叶等。在中国，早先曾用甲骨、青铜器、石头等作为记录知识的载体，从春秋到两汉多用竹简、木牍、缣帛，称简策、帛书。造纸术发明后，纸逐渐成为世界各民族书写文字的最理想的载体。印刷术的发明标志着图书进入了一个新的阶段，它不仅使图书在质的方面得到改善，在量的方面也有惊人的发展，使知识的积累和传播规模更大，范围更广。19 世纪中叶以后，印刷技术不断革新，图书从手工生产过渡到机械化生产。20 世纪以后，科学技术的飞速发展为人类传播知识手段的进步展现了更为广阔的前景，出现了照相影印图书、计算机排印图书、立体印刷图书等。虽然 20 世纪发展起来的音像文献、缩微文献、机读文献等“非书资料”大量涌现，但图书由于具有既可保存又便于携带、可不受空间、时间和设备的限制等优点，仍将是人类社会最主要的知识交流媒介之一。

图书的类型多种多样。按知识内容可分为社科图书、科技图书等，按文种可分为中文图书、日文图书、英文图书等，按作用范围可分为一般图书、工具书、教科书、科普图书等，按知识内容的深浅程度可分为学术专著、普及读物、儿童读物等，按制作形式可分为写本书、抄本书、印本书等，按著作方式可分为专著、编著、译书、汇编、文集、类书等，按装帧形式可分为精装书、平装书、线装书等，按出版卷帙可分为单卷书、多卷书等,按刊行情况可分为单行本图书、丛书、抽印本图书等,按制版印刷情况可分为刻印本、排印本、照排本、影印本等,按版次和修订情况可分为初版书、重版书、修订本图书等。

图书是人类积累、存储和传播知识的重要手段,它具有保存人类精神产品、交流传递知识信息、进行社会教育和丰富人们文化生活等多种社会功能。图书既是社会生活的产物,又是影响社会进一步发展的有利因素。①

搜集图书资料除了查询图书馆馆藏目录外,还可利用各种数据库来查询相关主题的图书。此外,网络上也有相当多的出版信息可供参考。

3.1 印刷型图书的查找

3.1.1 国家图书馆图书目录的查找

通过图书馆联机公共查询目录(OPAC)获得所需图书的馆藏信息,用户可以通过"读者信息"查看本人已借图书和预约图书情况。

3.1.2 国内图书馆图书目录的查找

可直接登陆国内其他各个图书馆的 OPAC,查询图书信息。

3.1.3 WorldCat 图书馆联合目录的查找

WorldCat 让您同时在世界万所图书馆中搜索图书,然后在就近的图书馆中找到这些图书。您会发现有很多的图书、音乐、录像、文章和其他资料供您查阅、下载或者直接查看。

---

① 中国大百科全书网络版.(2011-05-11).http://192.168.30.10:918/web/index.htm

3.1.4 网上图书信息

Internet 上的网上书店可以查询图书信息,如当当网上书店等。

3.2 馆藏电子图书全文数据库

3.2.1 中文图书全文数据库

(1)电子漫画馆

资源介绍:汇集国内外优秀的漫画工作室及热播动漫剧情的改编漫画,包含蔡志忠、京鼎动漫、中国原创漫画等内容约2000本,分为国学、幽默、历史神话、娱乐休闲、世博海宝等多个类别及系列。所有书籍保持"原版原貌"的呈现方式。

访问方式:

(2)中华连环画数字阅览室

资源介绍:精选中国传统连环画中的精品,形成中国古典四大名著、中外少年阅读典库、中华成语典故专库、中华民间故事传说典库等四大系列近2000本连环画资源。每册连环画均以"原文原貌"的效果呈现。

访问方式:

(3)方正电子图书——新平台

资源介绍:国图拥有北大方正电子有限公司制作的电子图书34万余种、68万余册和年鉴1000余种。其中电子图书为来自400多家出版社的正版电子图书,覆盖了中图法所有二级分类。

访问方式:

(4)阅读中国——当代文学作品(数字)推荐工程

资源介绍:精选了建国以来近500部优秀的文学作品,囊括了新中国成立以来的当代文学精品代表作,包含了茅盾文学奖、鲁迅文学奖等奖项得主的经典名作。这些作品,都是新中国各个历史时期在社会产生深远影响的重要作品，具有广泛的代表性和标志性，能够全面地了解新中国不同时期主流文学的发展轨迹，真实地反映出共和国文坛60年风雨历程的发展脉络，是对新中国成立以来当代文学的一个全方位的总结。

访问方式：

(5)皮书数据库

资源介绍：该库保存整理了中国社科院近20年间数千名研究人员的年度报告类科研成果，内容涉及100余个行业、区域和领域，包括6个子数据库。截至2009年底，收录651本皮书，24000余篇专项研究报告。

访问方式：

(6)文渊阁四库全书

资源介绍：从先秦到清代前期的历代主要典籍，共收书3460余种。

访问方式：

(7)四部丛刊

资源介绍：宋、元、明旧刊及精校名抄本等古籍经典504种。

访问方式：

(8)四部丛刊增补版

资源介绍：该库在原有《四部丛刊》(包含504种典籍)内容基础上，新增补《四部备要》(包含365种典籍)，该版本收录典籍总数为869种。首次开放《四部丛刊》张元济的全部校勘内容。该库可实现原文珍本图像与可检全文的快速链接切换，并加入朝代—纪元转换、古代名人、官职、古代地名等工具，从时间—空间—人物三维空间帮助读者检索。

(9)台湾文献汇刊

资源介绍：由九州岛出版社和厦门大学出版社联合出版，广泛搜集大陆图书馆、档案馆及民间保存之台湾历史文献资料600余部，约一亿字。记载内容涵盖明清及民国初期之私人著述及地方志书，结合闽台的古籍、档案数据、族谱、民间文件和契约四部分共同组成七辑，100 册，并有《台湾文献丛刊》中所未能收录的古籍（含大量孤本、稿本甚至珍本）。初次使用请参阅辅助说明，下载相关的阅读软件。

访问方式：

(10)台湾文献丛刊全文数据库

收录年限：1902—1945

资源介绍：收录自唐、宋、元、明、清以来到日治时期的台湾文献。主题包括台湾方志、明郑史料、清代档案、私家著述、私人文集，集成了台湾历史、地理、风俗、民情、政治、经济、社会、文化、法制等多方面文献，原书共 309 种。

访问方式：

(11)中国基本古籍库

资源介绍：包括先秦至民国的名著、各学科基本文献及特殊著作等。总计收书 1 万种 17 万卷，版本 12500 个 20 万卷，全文 17 亿字，影像 1200 万页。

访问方式：

(12)宝卷新集

资源介绍：共收录元末明初到清末民初历代民间流传的宝卷约 400 种。

访问方式：

(13)中国丛书库

资源介绍：精选 300 部最具文献价值和版本价值的综合类、辑佚类、专门类及地域类丛书，从中采录历代典籍 1 万种，总计全文超过 15 亿字，影像 1000 多万页。

访问方式：

(14)道教全书

资源介绍：收录《道藏》、《续道藏》等典籍，总计 2000 种，涉及道经、仪范、科律、符箓、杂著等各个方面。

访问方式：

(15)敦煌遗珍

资源介绍：共选流散英、法、俄等国的具有研究前景的汉文文献3000件，分为佛书编、遗书编和文书编。佛书编收录佛教经、律、论、疏释、赞文、陀罗尼、发愿文、启请文、忏悔文、祭文、僧传、经目等写本1000件，遗书编收录经、史、子、集四部典籍及道经、变文写本500件，文书编收录律、令、符、牒、状、帖、榜文、判辞、过所、公验、告身、籍帐等官文书，契券、社司转帖、帐历、书牍、分产等私文书，僧官告身、度牒、戒牒、僧尼籍、转经历、追福疏、诸色入破历、器物名籍等寺院文书共1500件。

访问方式：

(16)二十五史考补

资源介绍：以《二十五史补编》为基础，参酌《二十五史三编》，广搜博采，补遗纠误，慎择版本，重加编辑而成。总计收录民国十年以前历代有关二十五史之校勘、考证、补佚、注释类著作500种，其中沿用《补编》和《三编》所收者371种，摘除《补编》、《三编》误收者25种，补充《补编》和《三编》未收者129种。

访问方式：

(17)明清实录

资源介绍：包括明代官修的太祖至熹宗的十三朝实录，以及后人补辑的崇祯朝实录，凡14种2923卷；包括清代官修的满洲实录和太祖至德宗的十一朝实录，以及后世补纂的宣统政纪，凡13种4433卷。二者合计共27种7356卷。

访问方式：

(18)中国方志库

资源介绍：共收录汉魏至民国历代地方志类著作1万种。总计全文超过20亿字，影像超过一千万页。

访问方式：

(19)全四库

资源介绍:全四库分为4编,第一编四库著录书,汇辑清修《四库全书》时采录之书3460种,第二编四库存目书,汇辑清修《四库全书》时列为存目之书(丛书除外)4752种,第三编四库奏毁书,汇辑清修《四库全书》时毁弃之书621种,第四编四库未收书,汇辑清修《四库全书》时未见未收之书167种,合计共收录先秦至乾隆初历代典籍9000种。皆选用善本,其中宋本33个、元本34个、明本2712个、清本2699个、民国本52个、外国本12个,四库本(文渊阁本或文渊阁补配文津阁本)3458个。

访问方式:

(20)馆藏中文图书数字化资源库

资源介绍:该库包含图书17多万种,涉及各个学科,可以在线阅读。

访问方式:

(21)民国图书数字化资源库

资源介绍:首批推出民国图书8172种,全文影像8884册,并将不断更新,全文阅读器建议使用Acrobat Reader7.0(中文版)以上版本。

访问方式:

3.2.2 外文图书全文数据库

(1)EAI美国早期印刷品系列Ⅰ(1639—1800)系列Ⅱ(1801—1819)

资源介绍:该库是"美国历史文档"(Archive of Americans)的子数据库之一,与EEBO、ECCO为三大历史电子图书。收录了1639—1839年间在美国出版的图书出版物7.4万种,包括:图书、年鉴、小说、剧本、诗歌、圣经、教科书、契约证书、法规、烹调书、地图、乐谱、小册子、初级读物、布道书、演讲词、传单、条约、大活页文章与旅行记录等,还包括印刷报告。如总统信函,涉及国会、国家与领土的决议,以及许多欧洲作家的作品在美国的印本。

访问方式：

(2) Emerald Ebook Series

资源介绍：Emerald 目前出版超过 2000 多册人文社会科学图书，其中 600 多卷系统丛书包含电子版本，可通过 Emerald 平台对每个章节进行方便快捷的检索和浏览。Emerald 电子系列丛书分为《工商管理与经济学》和《社会科学》两个专集，涉及 100 多个主题领域，其中《工商管理与经济学》专集涵盖经济学、国际商务、管理学、领导科学、市场营销学、战略、组织行为学、健康管理等领域内容。《社会科学》专集涵盖社会学、政治学、心理学、教育学、残障研究、图书馆科学、健康护理等领域。通过 Emerald 电子系列丛书，读者不仅可以系统、方便地获取相关学科和主题领域的最新研究成果，还可以通过平台的辅助资源查找如案例、大师访谈、书评、国际会议等信息。

访问方式：

(3) ECCO 十八世纪文献在线(ECCO Ⅰ，ECCO Ⅱ)

收录年限：1700—1799

资源介绍：18 世纪文献在线收录了 18 世纪英国、美国等其他语言国家的著作，涵盖历史、地理、法律、文学、语言、参考书、社会科学及艺术、医学等领域。除了包含 18 世纪著名的作品，还包含当代著名评论它的书籍。原始资料来源于大英图书馆、牛津大学、哈佛大学、剑桥大学、苏格兰国图书馆、爱尔兰国家图书馆、美国国会图书馆。其中，ECCO Ⅰ 收录文献 13.8 万种，ECCO Ⅱ 在 ECCO Ⅰ 的基础上新增文献 5 万种。可通过代理远程访问，代理服务器设置。

访问方式：

(4) EEBO 早期英文图书在线(ProQuest)

收录年限：1473—1700

资源介绍：收录了所有现存的 1473—1700 年之间英语世界出版物的资料。收录著作 12.5 万多本共 2250 万页电子图像。可通过代理远程访问，代理服务器设置。

访问方式：

(5) Virtual Reference Library(Gale 虚拟参考书图书馆)

资源介绍:Gale Virtual Reference Library 是全球最大的虚拟参考工具书数据库。涵括 2400 多种参考工具书,提供超过 277 万篇文章,每篇文章提供 HTML 和 PDF 格式,并提供全球通用的 Citation 信息。所收录 Elsevier、Springer、John Wiley、SAGE 等著名出版社出版的参考工具书检索的文章可以翻译成 8 种国家的语言,其中包括中文。国家图书馆订购虚拟参考工具书共 1653 本,覆盖理、工、农、医、人文等共 17 个学科。

访问方式:

(6) KluwerLaw Online 法律在线资源库

收录年限:1975—

资源介绍:该数据库包含 21 种全文法律学术期刊以及 42 种法律活页书的全文信息。其中涵盖超过 60 个国家的法律专论,数十万篇期刊全文,50000 多个案例,涉及法学理论、宪法、行政法、民法、知识产权、刑法、诉讼法、行业经济法、金融法、国际(贸易)法、比较法、环境法、税法、法律实务、法律文书写作、法律工具书等各个领域。

访问方式:

(7) MOMW 现代经济之路 (GALE)

收录年限:1450—1850

资源介绍:收录了 Goldsmiths'-Kress 经济文学图书馆 1450—1850 年间经济与商业类出版物 61000 种,全文超过 1200 万页。涵盖了商业、金融、社会环境、政治、贸易和运输等领域。可通过代理远程访问,代理服务器设置。

访问方式:

(8) MOML 现代法律之路(GALE)

收录年限:1800—

资源介绍:包含了自 1800 年后在英国及美国出版的所有法律类图书共 2.2 万种,超过 1060 万页。此数据库共包含 99 个法律领域,涉及了英、美法律体系的所有方面。可通过代理远程访问,代理服务器设置。

访问方式：

(9) MyiLibrary 电子图书

收录年限:2005—2010

资源介绍:目前订购该平台电子书 6000 多册,学科覆盖范围广,有社会科学、法律、教育、心理、哲学宗教、政治科学、文学、艺术、自然科学、工程技术等,全部为 2005 年以后出版。

访问方式：

(10) NetLibrary 电子图书

资源介绍:NetLibrary 是世界上最早的电子图书生产商和提供商,拥有 775 家出版社提供的 18 万多种西文电子图书,涉及所有主题,涵盖所有学科,并以每年20000多种的速度递增。国图订购 NetLibrary 电子图书 2114 种,此外还可以免费访问 3461 种无版权图书,点击首页右侧的"eBooks"可浏览所有正式订购的图书,点击"Publicly-Accessible eBooks"可浏览所有免费图书。

访问方式：

(11) Wiley 学术图书在线

资源介绍:2007—2009 该库包括近万种专著、手册、词典、参考书、丛书,主要学科涉及化学、生命科学、物理学、人文社会科学、电子电器工程、数学和统计学等,我馆现正式订购的 Wiley 电子图书有 2195 种。

访问方式：

3.3 网络上的图书出版信息

由于网络科技的发达,不论国内外的出版机构、书局或文化事业单位均纷纷设立专属网站,提供出版图书目录、图书查询、新书介绍、畅销书排行榜、好书推荐等信息。此外,大多数网站还提供在线订购服务。

3.3.1 国内网站

(1)中国 ISBN 信息网(http://www.chinaisbn.com/jsp/module/xwcbswz/index.jsp)

该网站提供目前国内 579 家图书出版单位的基本信息,可供出版、发行单位、图书馆、文献收藏部门、出版物市场管理部门和广大读者使用。

(2)当当网(http://book.dangdang.com/)

当当网是全球最大的综合性中文网上购物商城，由国内著名出版机构科文公司、美国老虎基金、美国 IDG 集团、卢森堡剑桥集团、亚洲创业投资基金（原名软银中国创业基金）共同投资成立。在库图书近 60 万种，百货近 50 万种，当当网的注册用户遍及全国 32 个省、市、自治区和直辖市，每天有上万人在当当网浏览、购物。

（3）青番茄（http://www.qingfanqie.com/）

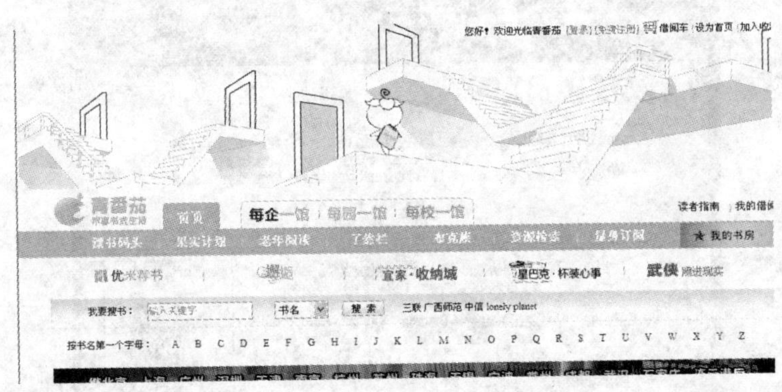

该网站 2010 年 8 月成立，自称是“中文网上实体书图书馆”，为读者提供终生免费借、阅、送、还上门服务，要做 Web2.0 时代的网上图书馆。

3.3.2 国外网站

（1）Amazon（http://www.amazon.com/）

Amazon 是互联网上最具规模的网络书店，可同时查寻书籍、杂志、影音媒体等，除了依作者、书名、标题查寻外，另外提供标题索引浏览查寻。每本书除提供订购所需信息与书评外，最特殊的是提供相关标题再查询功能，方便用户搜集相关主题的出版品。

（2）Publishers' Catalogues（http://www.lights.ca/publisher/）

该网站提供世界范围内超过13000家出版商目录。可依出版学科主题、资料类型、出版者所在地、出版者名称浏览或直接查寻。

（3）Librarything（http://www.librarything.com/）

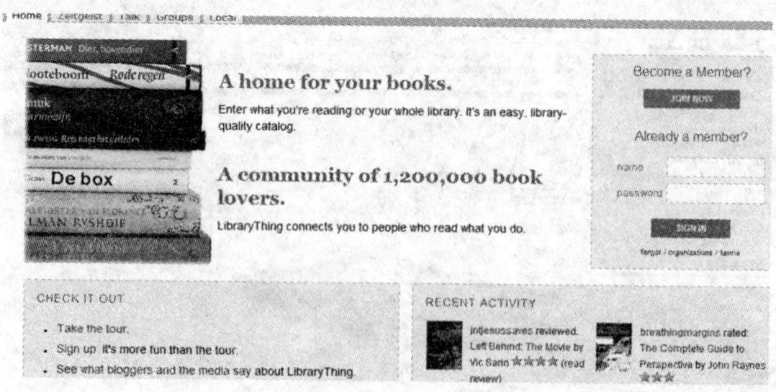

Librarything 是世界最大的图书俱乐部,120 万读书人,5700 万已编目的书籍。网站一直以为用户提供性能良好而具有图书馆品质的编目系统和为用户提供交流平台为经营理念,主要分为主页、搜索引擎、时期印象、聊天、组群、本地、网站指南、网站博客几个部分。通过最佳图书推荐的方式将很多类型或相互关联的图书联系在一起,还可以将喜欢同样类型书的人聚在一起。

3.4 搜索引擎检索

3.4.1 Google 图书搜索(http://books. google. com. hk/)

搜索图书全文,查找感兴趣的图书,并了解何处可选购或借阅它们。发现一本书包含与搜索字词匹配的内容时,就会在搜索结果中与其建立链接。点击书名,即可查看该图书一些相关的基本信息,像卡片目录条目一样。还可以看到该书的几段摘录内容,并且其上下文中显示了搜索字词。如果出版商或作者已通过合作商计划授权,那么可以看到该书的几页完整内容,如果图书已不受版权保护,就可以随意浏览整部图书。所有情况下,都会看到与在线书店的直接链接,可以从那里购买图书。

3.4.2　百度图书搜索(http://book. baidu. com/)

新闻　网页　贴吧　知道　MP3　图片　**图书**

百度一下　帮助　高级

百度图书搜索帮助您轻松查找图书信息。建议与反馈

©2011 Baidu 使用百度前必读

百度图书搜索是百度与众多图书行业合作伙伴合作建立的图书信息查询平台,帮助轻松查找各类图书相关的信息。

3.4.3　读秀图书搜索(http://www. duxiu. com/)

服务中心 | 退出

读秀学术搜索 体验版 duxiu.com

知识 图书 期刊 报纸 学位论文 会议论文　更多>>

读秀中文搜索　百链外文搜索

图书被引用情况报告

把读秀设为主页

联系我们 | 网上客服 | 用户反馈 | 常见问题 | 使用帮助 | 使用感受

读秀体验版 ©2011 powered by duxiu

客服电话：010-51667449

读秀图书搜索是一个面向全球的图书搜索引擎,上网用户可以通过读秀对图书的题录信息、目录、全文内容进行搜索,方便快捷地找到他们想阅读的图书和内容,是一个真正意义上的知识性搜索引擎。读秀现收录208万种中文图书题录信息,可搜索的信息量超过6亿页,且这一数字还以每天50万页的速度增长。读秀允许上网用户阅读部分无版权限制图书的全部内容,对于受版权保护的图书,可以在线阅读其详细题录信息、目录及少量内容预览。

3.4.4 网络中国电子图书搜索引擎（http://book.httpcn.com/search/）

中国最大的电子图书搜索引擎，提供数万本电子图书（E书）完全免费下载!

首页 搜索 文学 小说 科幻 电脑 经济 幽默 时尚 明星 科教 杂志 英文

=模糊搜索= 搜索 标题 作者

提供数万本电子图书(E书)免费下载,分为综合类、科教类、小说类三大类,每个大类下又分为若干小类别。搜索方式包括书名和作者两种。

3.5 网络上的图书资源

3.5.1 国内网站

(1)豆瓣读书(http://book.douban.com/)

豆瓣读书记录用户读过的、想读和正在读的书，顺便打分，添加标签及个人附注，写评论。根据用户的口味，豆瓣会推荐适合的书给用户。

（2）爱问共享资料（http://ishare.iask.sina.com.cn/）

新浪爱问研发的资料共享平台，可以上传多种格式的文件，免费下载数千万的共享资料，内容涉及教育资源、专业资料、IT 资料、娱乐生活、经济管理、办公文书、游戏资料等。

(3) VeryCD 图书(http://www.verycd.com/sto/book/)

一般认为，VeryCD.com 是中国大陆浏览量最大的资源分享网站之一，也是一个执行 Web 2.0 理念的站点。VeryCD 的理想是"分享互联网"，其使命是通过开放的技术构建全球最庞大、最便捷、最人性化的资源分享网络。截至 2011 年 5 月 23 日，共收录图书资源18868种。

3.5.2 国外网站

(1) 美国国家科学院在线数据库(http://www.nap.edu/)

NAP 是由美国国家科学院(National Academies)创建的，出版美国国家科学院(National Academy of Sciences)、美国国家工程学院(the National Academy of Engineering)、美国国家医学院(the Institute of Medicine)和美国国家研究委员会(the National Research Council)发表的学术论文。NAP 每年出版约 200 本有关科学、工程、健康及其相关政策等方面的书籍，提供 2500 多种可以免费网上阅览的电子图书，体

现了在科学与健康领域最具权威性的见解和观点。

(2) Elfwood http://www.elfwood.com/

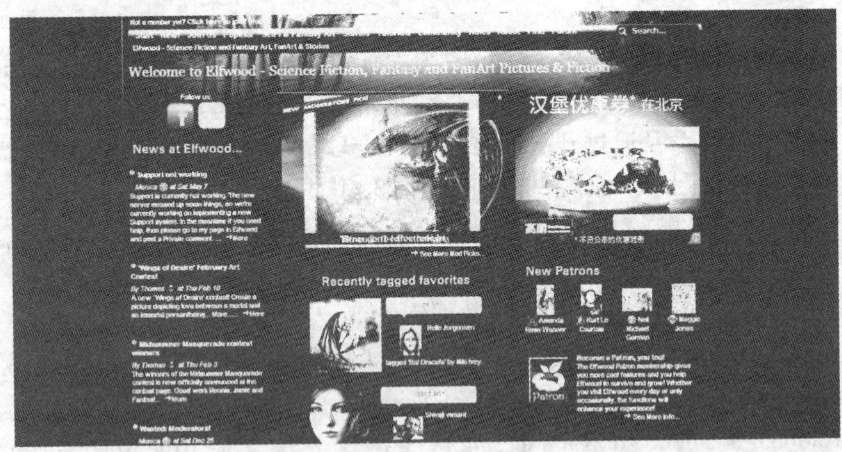

Elfwood 是一个大型的非营利网站，也是业余幻想和科幻文学艺术爱好者的家园，此外还有一些指南。这个网站拥有超过两万部文学和艺术作品，来自超过 1500 名幻想/科幻艺术家和作家。

(3)古腾堡工程(Gutenberg Project)(http://www.gutenberg.org/wiki/Main_Page)

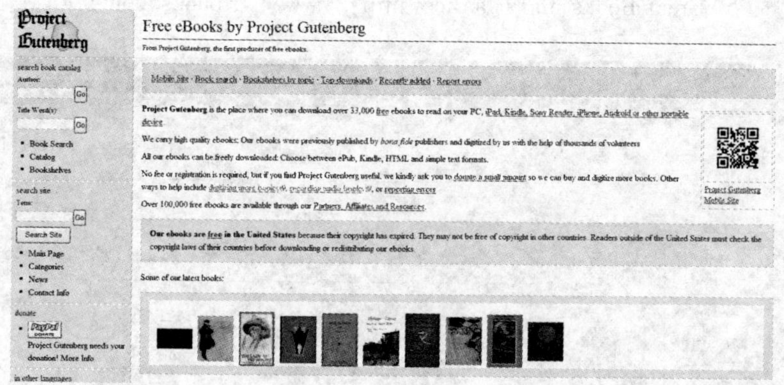

古腾堡工程是一个致力于公共领域文本著作的电子化、归档以及发布的项目,最初由自愿者发起,现今已经成长为最著名的公共图书电子化项目。目前,可提供33000册图书的在线阅读,并可下载至个人电脑或 IPad、IPhone、Kindle 等移动通信设备上阅读。

(4)Online Books Page(http://onlinebooks.library.upenn.edu/)

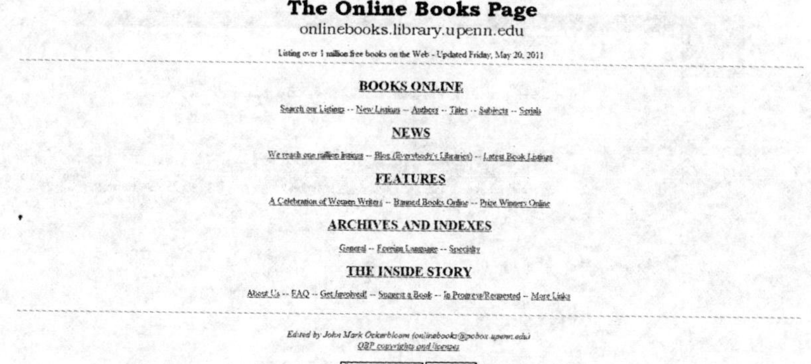

该网站于 1993 年由宾夕法尼亚大学图书馆负责计划和建立数字化图书馆的约翰·马克·奥克布鲁姆(John Mark Ockerbloom)建立。

网站收集了几百万本可以免费阅读的书籍，涵盖了历史、地理、社会学、法律、政治、科学、生物技术等很多学科。

(5) Great Books and Classics(http://www.grtbooks.com)

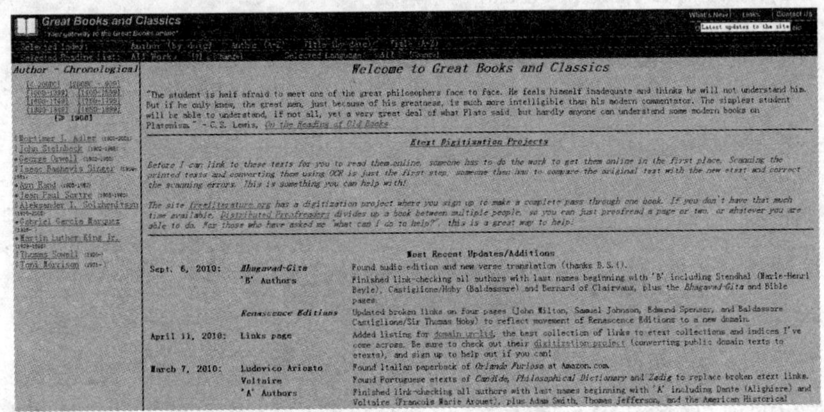

该网站提供经典名著的 HTML 在线阅读版本，包括从公元前 200 年到 20 世纪的著名作家。由亚马逊网站提供捐赠。

(6)青空文库(http://www.aozora.gr.jp/)

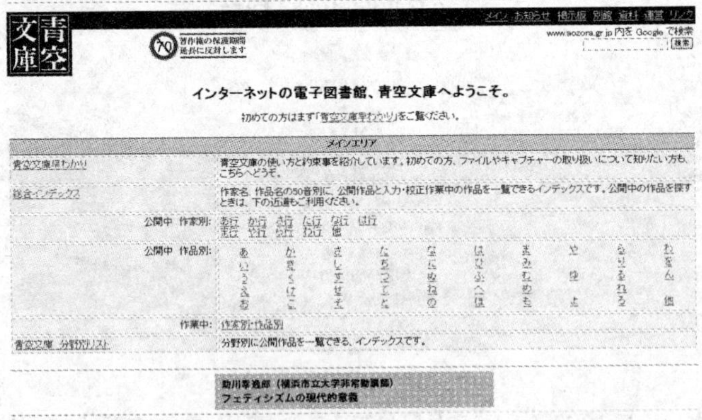

青空文库可提供超过 2000 部开放版权的日本文学著作。格式包括 HTML、ZIP(下载)和日文电子书格式。

4 如何搜集期刊论文

期刊是有固定名称,定期或按宣布的期限出版并计划无限期出版的一种连续出版物,又称杂志。主要刊登论文、记事或其他著述,通常每年至少出版两期。期刊是当代社会中传播和交流科学文化成就及各种情报信息的主要手段之一,是一种利用率很高的情报源。

期刊类型多种多样。按内容可分为普及性期刊(如中国的《百科知识》)、学术性或技术性专业刊物(包括学报、会刊等,如《电信技术》)、情报资料性期刊(包括各种"消息"、"快报"、"通讯"等,如《国外科技动态》)、检索性期刊(包括各种"文摘"、"摘要"、"索引"等,如《全国报刊索引》)、时事政治性期刊(如《瞭望》)。按载体形态可分为印刷型期刊、缩微型期刊、机读型期刊等。按出版周期可分为周刊、半月刊、月刊、双月刊、季刊、半年刊等。期刊具有如下特点:(1)定期连续出版,有出版序号;(2)有长期固定统一的刊名,开本、篇幅、栏目等基本稳定;(3)内容新颖,时效性强;(4)信息量大,作者众多。

期刊论文由于其新颖性与时效性,在学术研究上扮演着相当重要的角色,又因其资料量庞大,搜集此类文献时,若能掌握方法,善用各种资料库,将会有事半功倍的作用。

4.1 印刷型期刊的查找

4.1.1 国家图书馆期刊目录的查找

通过联机公共查询目录(OPAC)可以查询到图书馆馆藏的全部中外文期刊。常用检索项有:期刊刊名、ISSN、出版商。"期刊刊名"可用中外文刊名全称、刊名关键词进行检索。

4.1.2 国内图书馆期刊目录的查找

可直接登陆国内其他各个图书馆的 OPAC,查询期刊信息。

4.1.3 WorldCat 图书馆联合目录的查找

WorldCat 让您同时在世界万所图书馆中搜索期刊,然后在就近的图书馆中找到这些期刊。

4.2 馆藏电子期刊全文数据库

4.2.1 中文期刊全文数据库

(1)中国期刊全文数据库(清华同方知网)

资源介绍:该库精选了 1994 年以来科学技术、人文科学的核心和专业期刊 8200 余种,部分刊物回溯至创刊。

收录年限:1994—

访问方式:

(2)维普中文科技期刊数据库

资源介绍:该库收录了 1989 年以来的 12000 余种中文科技期刊,分类包括:社会科学、自然科学、工业技术、农业科学、医药卫生。

收录年限:1989—

访问方式:

(3)万方数字化期刊

资源介绍:收录 5043 种期刊,其中核心刊 1300 余种。

收录年限:1998—

访问方式:

(4)中华医学会数字化期刊

资源介绍:收录了中华医学会主办的 115 种期刊杂志,形成了国内外医药卫生界数量最多、影响最大、权威性最强的医学期刊系列。

访问方式：

(5)龙源期刊网

资源介绍:据中国期刊协会的推荐和读者调查,收录了中国大陆具有代表性的1700多种著名人文电子期刊全文。

收录年限:1997—

访问方式：

(6)中国财经报刊数据库

资源介绍:收录了70多种主要财经类报刊或杂志的财经新闻,并将新闻资讯进行了股票、基金、债券等多个专题的分类归纳,每日更新2300余条。除财经新闻外,还包括上市公司、基金、债券等全文公告和证券法律法规等。

收录年限:1991—

访问方式：

(7)人大复印资料全文数据库

资源介绍:该数据库收录了1995年以来的马列、政治、文化、语言、历史、哲学、法律、教育、文学、地理、社科总论、经济、体育、艺术类文献全文。

收录年限:1995—

访问方式：

(8)TEPS台湾科学期刊数据库(台湾华艺)

资源介绍:TEPS是全球提供台湾期刊最多的线上全文数据库。该数据库提供的数据可回溯至1991年,目前收录期刊977种,书目10万余篇,其中9.8万余篇可供下载(截至2010年7月)。其收录数量仍在持续增加当中。

访问方式：

(9)鹅湖知识库

资源介绍:该库共包括《鹅湖月刊》、《鹅湖学志》、《当代新儒学国际学术会议》、《鹅湖论文发表会论文集》4个库,是台湾研究儒家思想的最权威数据库。数据库总数据量超过1亿汉字,收集了1975年7月至今台湾儒学界的全部内容。

收录年限:1975.7—

访问方式:

(10)台湾原住民期刊论文资料库

资源介绍:收录1895—1945年间台湾早期原住民各族期刊,共有30种,包含《东京人类学会杂志》、《南方土俗》、《民俗台湾》等当时著名之期刊,其中并包含了日治早期著名的鸟居龙藏、伊能嘉矩、森丑之助等知名日本学人之著作。内容包括体质、语言、历史地理、社会组织、习俗、生活、艺术等。

收录年限:1895—1945

访问方式:

(11)民国中文期刊数字资源库

资源介绍:是以馆藏民国期刊的缩微胶片数字化资料为基础建设的数据库,预计将在三年内完成近600万拍缩微胶片的数字转换。

访问方式:

4.2.2 外文期刊全文数据库

(1)ABI/Info 美国商业信息期刊全文数据库

资源介绍:收录近5000种学术期刊和贸易杂志,含有世界顶级的国际性商业管理全文期刊2516种,提供有关全世界6万多个公司的商业信息。

收录年限:1971—

访问方式:

(2)ACS 网络数据库

资源介绍:美国化学学会(American Chemical Society,简称ACS)成立于1876年,已成为世界上最大的专业科技学会之一。ACS的期刊被ISI的Journal Citation Report(JCR)评为“化学领域中被引用次数最多之化学期刊”。国图可访问ACS出版的34种电子期刊现刊

(1996 年至今)和回溯文档(1879 年至 1995 年出版的 23 种期刊回溯资料)。

收录年限:1879—

访问方式:

(3)AIP/APS 电子期刊全文数据库

资源介绍:American Institute of Physics (AIP)是一家历史悠久享誉世界的科学出版社,AIP 及其会员的出版物占据了全球物理学界研究文献四分之一以上的内容。The American Physical Society(APS)出版的物理评论系列期刊:Physical Review、Physical Review Letters、Reviews of Modern Physics,分别是各专业领域最受尊重、被引用次数最多的科技期刊之一,在全球物理学界及相关学科领域的研究者中具有极高的声望。

收录年限:1971—

访问方式:

(4)ARL 学术研究图书馆

资源介绍:综合参考及人文社会科学期刊论文数据库。覆盖了商业与经济、教育、历史、传播学、法律、军事、文化、科学、医学、艺术、心理学、宗教与神学、社会学等领域。收录期刊 4100 余种,其中全文期刊约 2830 种。

收录年限:1971—

访问方式:

(5)ASCE 全文期刊数据库

资源介绍:综合参考及人文社会科学期刊论文数据库。覆盖了商业与经济、教育、历史、传播学、法律、军事、文化、科学、医学、艺术、心理学、宗教与神学、社会学等领域。收录期刊 4100 余种,其中全文期刊约 2830 种。

收录年限:1990—

访问方式:

(6)ASME(美国机械工程师学会)全文期刊数据库

资源介绍:ASME 数据库包含 24 种专业期刊和 1 种评论杂志,涵盖学科包括基础工程(能量转换,能量资源,环境和运输,一般工程学,材料和结构)、制造(材料储运工程,设备工程和维护,加工产业,制造工程学,纺织工程学)、系统和设计(计算机在工程中的应用,设计工程学,动力系统和控制,电气和电子封装,流体动力系统和技术,信息存储和处理系统)。

收录年限:2000—

访问方式:

(7)Academic Source Complete(ASC)(EBSCOhost)

资源介绍:Academic Source Complete 提供了近 5300 种出版物全文,其中包括 4400 多种同行评审期刊。还提供 9300 多种期刊和总计 10900种出版物的索引和摘要,包括专题著作、报告、会议记录等。可追溯到 1865 年。

收录年限:1865—

访问方式:

(8)Beck online 法学数据库

资源介绍:本数据库主要的收录内容包含 C. H. Beck 出版社所出版的期刊、注释书、法典、法律书状范本等,同时也有收录法院裁判的部分。包括 540 种法律书、123 种期刊、127366个判例、5980 个左右的准则、100 个左右的行政指导、18 个文书范本,可查文件总数达 550 万。

收录年限:1970—

访问方式:

(9)Business and Company Resource Center(GALE)

资源介绍:可检索来自于 2800 多份商业全文期刊和 100 多份报纸的 45 万家公司及 8000 个行业协会的详细信息。

收录年限:1998—

访问方式:

(10)Business Source Complete(BSC)(EBSCOhost)

资源介绍:Business Source Complete 是世界权威的学术类商业数据库,提供书目和全文内容的主要收集。作为此数据库提供的全面收录的一部分,它含有最早可追溯到 1886 年的最重要学术类商业期刊的索引和摘要。此外,还包括 1300 多种期刊的可检索参考文献。

收录年限:1886—

访问方式:

(11)Cambridge Online Journals 剑桥大学出版社电子期刊

资源介绍:剑桥期刊在线提供了剑桥大学出版的 223 种学术期刊,涉及自然科学、人文社会科学、医学领域,其中自然科学包括数学、物理、农学,生命科学学、动植物学、计算机科学,地球和大气学、科学史等,人文社会科学包括历史、地域研究、英语语言学等

访问方式:

(12)East View Universal Database 俄罗斯大全数据库

资源介绍:共收录资源近 600 种,文章超过 1000 万篇,以俄语为主,部分资源还同时提供英语与德语,内容涉及俄罗斯与独联体国家政治、经济、科技、军事、安全、外交、文化、法律、历史、医学等方面。

访问方式:

(13)UDB STATISTICS 俄罗斯统计出版物

资源介绍:内容包括俄罗斯国家统计委员会与独联体国家统计委员会的出版物、报告与数据,提供报告、表格、图表、译文以及英语目录等。馆外用户可通过以下用户名/密码进行访问:chinalibrary/greatwall。

访问方式:

(14)Emerald(爱墨瑞得)管理学、经济学、工程学数据库

资源介绍:数据库内容包括:(1)Emerald 全文数据库,包含 160 多种期刊的 10 多万篇文章;对世界顶尖的 400 多种期刊的每篇文章进行的独立评论;案例集、访谈录等丰富的辅助资源。(2)Emerald 回溯库,收录 130 多种的 7 万篇文章,所有期刊回溯到第一期第一卷。(3)4 个文摘库,包含土木工程、计算机安全、图书馆情报等领域。

访问方式：

(15) Elsevier-Science Direct 学术期刊

资源介绍：国家图书馆已于 2010 年购买 Elesevier 回溯库，可访问 Elsevier Science 出版集团 SD 平台下的约 2500 种期刊，大部分期刊的内容回溯到第一卷，能访问的全文达 900 余万篇。

访问方式：

(16) Education Resource Information Center (ERIC) (EBSCOhost)

资源介绍：此库包含有可追溯至 1966 年的1300000多条记录和指向超过317000篇全文文档的链接。

收录年限：1966—

访问方式：

(17) Factiva 数据库

资源介绍：提供来自 159 个国家的、以 22 种语言出版的重要商业信息。整合了 Dow Jones Interactive 和 Reuters Business Briefing 两大资源库的一万多种出版物。包括 2300 余种报纸、4200 余种期刊和杂志、640 多区域性的和行业性的新闻专线、35000 多经过编辑的全球的公司报告。自 2010 年 1 月 1 日起，该数据库改用 IP 控制访问。

访问方式：

(18) HeinOnline 法律数据库

资源介绍：HeinOnline 法律数据库是美国著名的法律全文数据库。涵盖全球最具权威性的近 1300 种法律研究期刊，同时包含 675 卷国际法领域权威巨著，100000多个案例，1000 多部精品法学学术专著和美国联邦政府报告全文等。该数据库所收录的期刊是从创刊开始，因此是许多学术期刊回溯查询的重要资源，曾获得国际法律图书馆协会(IALL)、美国法律图书馆协会(AALL)等颁发的奖项。

访问方式：

(19) Humanities International Complete (HIC) (EBSCOhost)

资源介绍：Humanities International Complete 收录来自世界各地的

数百种期刊、书籍及其他出版来源的全文。此数据库由 Whitston Publishing（EBSCO Publishing 的标记）制作，包括 Humanities International Index（超过 2100 种期刊及 2.47 百万条记录）的所有数据及唯一的全文内容，而且大部分内容无法在其他数据库中找到。此数据库包含 890 多种期刊的全文。

收录年限：Humanities International Complete（HIC）（EBSCOhost）

访问方式：

（20）IIMPFT 国际音乐期刊索引与全文数据库

资源介绍：国际音乐期刊数据库——International Index to Music Periodicals with Full Text（IIMPFT）是互联网上最全面的音乐期刊资源。数据库可访问来自 20 多个国家的 450 多种国际音乐期刊的索引和文摘，以及 140 多种音乐期刊的全文。

收录年限：1874—

访问方式：

（21）IEEE/IEE Electronic Library（IEL）

资源介绍：IEEE Xplore/IEL 收录 IEEE 美国电气电子工程师学会（Institute of Electrical and Electronic Engineers）及 IET 英国工程技术学会（Institution of Engineering and Technology）出版内容，包括 1988 年到现在所有的期刊、会议录和标准。当中 13 个学会的内容都回溯到了 1950 年，大部分的会议录甚至回溯到了 1913 年。主要内容有：（1）IEEE 期刊、会刊与杂志 149 种；（2）IET 期刊 23 种；（3）IEEE 会议录 900 多种；（4）IET 会议录和研讨会摘要 40 多种；（5）IEEE 标准 3100 多种 IEEE 标准文献，包括现行、历史及作废的所有标准。

收录年限：

访问方式：

（22）英国皇家物理学会（IOP）

资源介绍：IOP 出版世界知名的物理学协会的期刊。现在 64 种电子期刊向国家图书馆开放，其中 62 种被 SCI 收录，55 种有影响因子。出版学科包括：应用物理，计算机科学，凝聚态和材料科学，物理总论,高能和核能物理,数学和应用数学、数学物理,测量科学和传感器,医学和生物学,光学、原子和分子物理,物理教育学,等离子物理等。

访问方式:

(23)JSTOR 过刊数据库

资源介绍:收录期刊共 729 种,其中被 SCI/SSCI/AHCI 收录的核心期刊近 400 种,以政治学、经济学、哲学、历史等人文社会学科主题为中心,兼有一般科学性主题共十几个领域。

收录年限:1665—

访问方式:

(24)KluwerLaw Online 法律在线资源库

资源介绍:该数据库包含 21 种全文法律学术期刊以及 42 种法律活页书的全文信息。其中涵盖超过 60 个国家的法律专论,数十万篇期刊全文,50000 多个案例,涉及法学理论、宪法、行政法、民法、知识产权、刑法、诉讼法、行业经济法、金融法、国际(贸易)法、比较法、环境法、税法、法律实务、法律文书写作、法律工具书等各个领域。

收录年限:1975—

访问方式:

(25)LexisNexis. com 法律库与 LexisNexis. com 商业库

资源介绍:商业与法律全文资讯,共选自 5300 种出版物的内容。

收录年限:1973—

访问方式:

(26)Library, Information Science & Technology Abstracts with Full Text(LISTA with Full Text)(EBSCO)

资源介绍:该数据库对 500 多种核心期刊、500 多种优选期刊和 125 种精选期刊以及书籍、调查报告及记录等进行了索引,同时还包括 240 多种期刊的全文,主题涉及图书馆长的职位资格、分类、目录、书目计量、在线信息检索、信息管理等,内容可追溯到 20 世纪 60 年代。

收录年限:20 世纪 60 年代

访问方式:

(27)Military and Government Collection(EBSCO)

资源介绍:该数据库主要包含与所有军方和政府部门相关的最新消息,是应人们对相关期刊、学术期刊和其他内容不断增加的需求而建立的完整文集,提供了近 300 种期刊的完整全文以及 400 多篇文章的索引和摘要。

访问方式:

(28)NSTL(中国国家科技文献中心)全国开通现刊数据库

资源介绍:NSTL 订购了数百种国外网络版科技期刊以供全国用户使用。我馆用户除了通过此链接访问外,在知道某种具体的期刊的情况下,可以通过我馆的“期刊查找”查找该期刊。读者也可以通过我馆的“数据库查找”查询各学术出版社出版的期刊及其内容。

访问方式:

(29)NSTL(中国国家科技文献中心)外文回溯数据库

资源介绍:该库包括的回溯资源有 Springer 回溯数据库(1854—1996)、Nature 回溯数据库(1869—1996)、OUP(牛津大学出版社)回溯数据库(1849—1995)、IOP(英国物理学会)回溯数据库(1874—2002)、Turpion 回溯数据库(1958—2002)。共有 1122 种期刊,分 20 大类,文章总数 300 多万篇。

访问方式:

(30)OA(Open Access)资源一站式检索服务平台

资源介绍:由中国教育图书进出口公司推出的免费检索平台,可以检索 OA 期刊库和 OA 机构库中的 OA 资源。

访问方式:

(31)Oxford University Press Journals 牛津大学出版社期刊全文

资源介绍:包括 223 种期刊的全文信息,部分期刊可回溯至创刊,内容涉及医学、生命科学、法律、数学、物理科学、社会科学。

访问方式:

(32)Periodicals Archive Online(典藏期刊数据库)

资源介绍:Periodicals Archive Online (简称 PAO)提供访问世界范围内从 1802 年至 1995/2000 年著名人文社科类期刊回溯性内容全文。该数据库 1—7 collections 中收录 550 种全文期刊。同时,数据库还在不断增加新的内容。在该数字资源当中有超过 20% 为非英文期刊内容。

收录年限:1802—1995/ 2000

访问方式:

(33)Professional Development Collection(PDC)(EBSCO)

资源介绍:该数据库为职业教育者而设计,它提供了近 520 种非常专业的优质教育期刊集,包括超过 350 个同行评审刊名,此外还包含 200 多篇教育报告。

访问方式:

(34)Project Muse 全文期刊数据库

资源介绍:Project Muse(Muse 项目)是 Johns Hopkins 大学出版社与其 Milton S. Eisenhower 图书馆的非营利性合作出版项目,成立于 1995 年。Muse 项目致力于提供高品质的期刊和服务。随着其他出版社的不断加入,目前已发展成为 89 家出版社、近 390 种期刊的数据库,并且每年都在不断增长。其主要学科领域在人文艺术和社会科学

访问方式:

(35)ProQuest Asian Business 亚洲商业信息全文数据库

资源介绍:收录各种商业报告、学术期刊杂志 290 种,其中全文期刊 150 种。

收录年限:1971—

访问方式:

(36)ProQuest Eurpean Business 欧洲商业信息全文数据库

资源介绍:收录 180 多种欧洲商业经济方面的报告、期刊杂志,其

中全文期刊 150 余种。

收录年限:1971—

访问方式:

(37)ProQuest Psychology Journals 心理学期刊全文库

资源介绍:收录近 533 种顶级的心理学和相关学科的出版物,其中全文刊 424 种。

访问方式:

(38)PsycARTICLES 美国心理学会期刊

资源介绍:收录美国心理学协会、美国心理学协会教育出版基金会、加拿大心理学协会和 Hogrefe & Huber 所出版的期刊。该数据库收录了 58 种顶级刊物的全部内容,最早可回溯至第一卷第一期。

收录年限:1988—

访问方式:

(39)Regional Business News(EBSCO)

资源介绍:该数据库提供综合型地区商务出版物的全文信息,包含 80 多篇涉及美国所有城市和农村的地区商务报告。

访问方式:

(40)RSC 英国皇家化学学会电子期刊(37 种期刊)

资源介绍:37 种期刊提供网络版检索和全文。

访问方式:

(41)SAGE Journals Online

资源介绍:SAGE 出版 485 余种期刊,提供全文链接,最早可回溯至第一卷第一期,涉及商业、人文科学、社会科学、自然科学、医药学等学科,同时包括特殊学科研究的数据库等内容。

访问方式:

(42) SocINDEX with Full Text (SIFT)(EBSCO)

资源介绍:此数据库的特点在于超过2066400条记录,其主体标题由该学科专家及词典编纂专家设计、拥有19750多条术语的社会学同义词辞典,收录有777篇可追溯至1908年的期刊全文,同时包含820本书籍及专题论文的全文,以及13947篇会议报告的全文。

收录年限:1908—

访问方式:

(43)Springer LINK(德国施普林格电子期刊)

资源介绍:通过该平台,读者可以访问的内容有①Springer标准期刊现刊库:1997至今的卷期;②Springer回溯数据库:Springer回溯期刊(1996年以及之前的卷期)和13种Springer回溯丛书(1996年以及之前的卷期);③2009年度国家图书馆以纸本方式订购的非标准期刊2009年卷期(即订购年的卷期)。所有刊物皆经过同行评议。

访问方式:

(44)Taylor & Francis Online Journals 电子期刊

资源介绍:涵盖人类学与考古学,艺术与人文,行为科学,商务、管理与经济,犯罪学与法律,教育,地理、规划、城市与环境,图书馆与信息科学,媒体、文化与传播研究,政治、国际关系与区域研究,公共卫生与社会保健,社会学与相关学科,体育、休闲与旅游,战略、防御与安全研究等学科领域。Taylor & Francis 社会科学与人文数据库提供900余种期刊,最早可追溯至1997年。Taylor & Francis 社会科学与人文回溯数据库提供400种期刊。内容可从1996年起追溯到每份期刊的第一卷。

访问方式:

(45)Westlaw International

资源介绍:来自英国、美国、欧盟、澳大利亚、中国香港、加拿大的法规条例及案例,包括1000种以上的法学期刊和法律评论,还有纽约时报、金融时报、美联社及其他新闻频道的信息。

访问方式:

(46)Wiley-Blackwell 在线期刊

资源介绍:Wile-Blackwell 在线出版学术期刊达1492种,涵盖理学

(Physical Science, 166 种)、生命科学(life Science, 268 种)、医学(Medical Science,269 种)、专业技术(Professional,298 种)、人文及社会科学(Humanities & Social Science,490 种)。其中 924 种期刊具有 ISI 影响因子(2008),并且有 813 种期刊为学协会期刊。

收录年限:1997—

访问方式:

4.3 网络上的期刊资源

4.3.1 国内网站

(1)中国科技论文在线(http://www. paper. edu. cn/)

该网站是由教育部科技发展中心主办的科技论文发表、交流和检索的平台。可阅读全文。

(2)中国预印本服务系统(NSTL 站点)(http://www. nstl. gov. cn/preprint/main. html? action = index)

预印本(Preprint)是指科研工作者的研究成果还未在正式出版物上发表,而出于和同行交流目的自愿先在学术会议上或通过互联网发布的科研论文、科技报告等文章。与刊物发表的文章以及网页发布的文章比,预印本具有交流速度快、利于学术争鸣、可靠性高的特点。

该网站是由中国科学技术信息研究所与国家科技图书文献中心联合建设的以提供预印本文献资源服务为主要目的的实时学术交流系统,是国家科学技术部科技条件基础平台面上项目的研究成果。该系统由国内预印本服务子系统和国外预印本门户(SINDAP)子系统构成。

国内预印本服务子系统主要收藏的是国内科技工作者自由提交的预印本文章,可以实现二次文献检索、浏览全文、发表评论等功能。

国外预印本门户(SINDAP)子系统是由中国科学技术信息研究所与丹麦技术知识中心合作开发完成的,它实现了全球预印本文献资源的一站式检索。通过SINDAP子系统,用户只需输入检索式一次即可对全球知名的16个预印本系统进行检索,并可获得相应系统提供的预印本全文。目前,SINDAP子系统含有预印本二次文献记录约80万条。

(3) NSTL外文期刊数据库(http://service. cnki. net/product%

20center/international/FLJA. html)

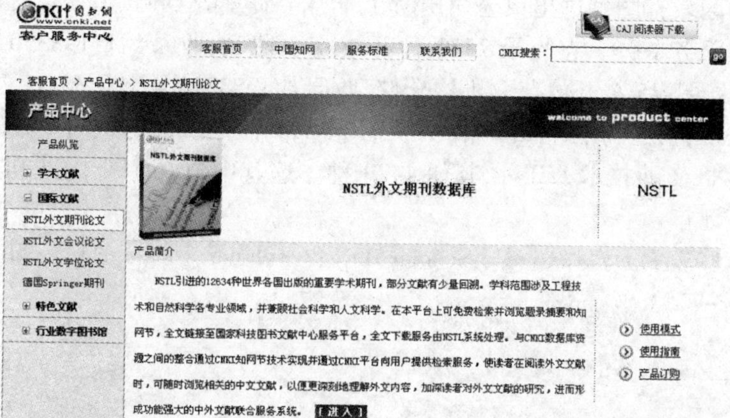

该网站提供 NSTL 引进的 12634 种世界各国出版的重要学术期刊,部分文献有少量回溯。学科范围涉及工程技术和自然科学各专业领域,并兼顾社会科学和人文科学。在本平台上可免费检索并浏览题录摘要和知网节,全文链接至国家科技图书文献中心服务平台,全文下载服务由 NSTL 系统处理。

(4)Socolar(http://www.socolar.com/)

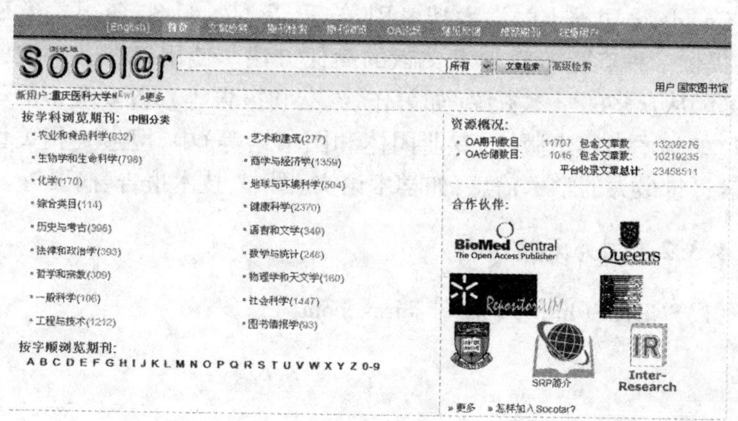

Socolar——全球最大的 Open Access 学术资源专业服务平台，是由中国教育图书进出口公司历时 4 年自主研发的 Open Access 资源一站式服务平台。它收录 7570 种开放获取期刊，收录约11198350篇文章；收录 975 个开放获取机构仓储，收录约3283398条记录；每日更新；涵盖学科：医药卫生 617 种，人文社科 494 种，经济 259 种，生命科学 154 种，工业技术 150 种，其他 4429 种。这其中 90% 以上的期刊通过同行评审。

(5)谷歌学术 Google Scholar(http://scholar. google. com/schhp?hl = zh - CN)

Google 公司推出的学术搜索引擎，可以为各领域、各层次的研究人员提供一种广泛搜索学术文献的简便方法。使用谷歌学术搜索服务，可以从众多的学术资源(如著作、论文和报告等)，以及众多的学术组织(如学术内容出版社、专业团体和图书馆等)中，搜索到相关性最强、信息量最大的学术信息，如学术论文、图书、技术报告、摘要等。

4.3.2 国外网站

(1)SCIRUS(http://www. scirus. com/)

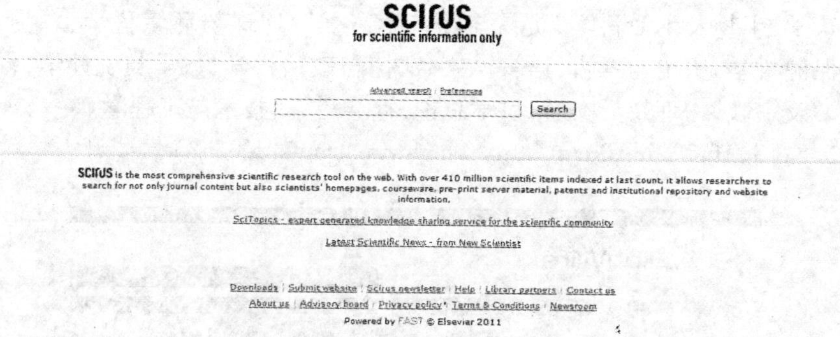

Elsvier 公司开发的学术信息检索工具,是一个免费的专为科学家、研究人员和学生开发的网络检索引擎,可以使得每位想要检索科学信息的人员快捷精准地查找到所需信息——包括专家评审刊物、发明专利信息、作者主页以及大学网站等。Scirus 提供基本检索和高级检索两种模式以备选择,Scirus 可以检索 3 亿个科技信息网页信息来源包括同行评审期刊论文、预印本、报告、科学家数据、发明专利及有关网页。学科领域以自然科学为主,也有部分社科资源。

(2) DOAJ(www. doaj. org)

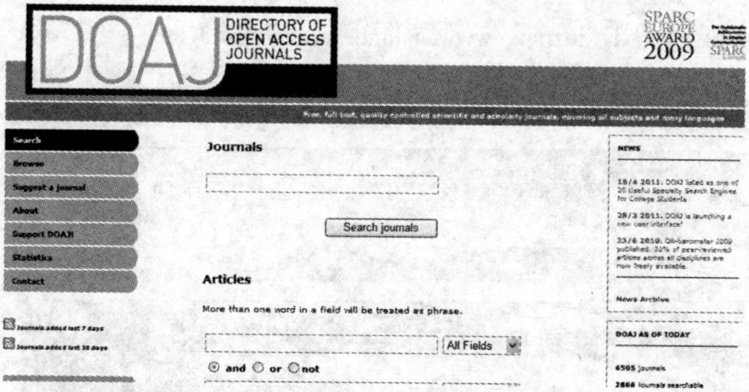

DOAJ(Directory of open access journals)是由瑞典隆德大学图书馆 2003 年 5 月推出的开放获取期刊的检索系统,可获取数千种免费全文电子期刊。该系统提供刊名检索、期刊浏览以及文章检索等功能。

DOAJ 按期刊的学科主题分为 17 类，包括农业及食品科学，艺术与建筑学，生物及生命科学，贸易与经济学，化学，地球与环境科学，总类，保健科学，历史与考古，语言文字，法律与政治科学，数学与统计学，哲学及宗教，物理及天文学，科学总论，社会科学，技术与工程学。

(3) HighWire Press(http://highwire.stanford.edu/)

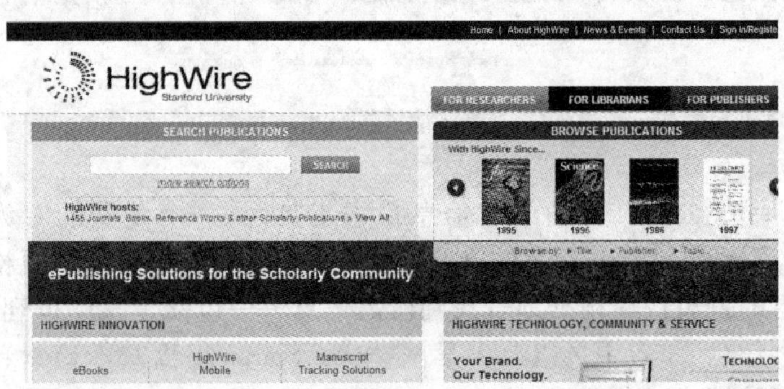

HighWire Press 是全球最大的提供免费全文的学术文献出版商，于 1995 年由美国斯坦福大学图书馆创立。最初仅出版著名的周刊"Journal of Biological Chemistry"，收录的期刊覆盖以下学科：生命科学、医学、物理学、社会科学。

(4) J-STAGE(http://www.jstage.jst.go.jp/)

J-STAGE（Japan Science and Technology Information Aggregator, Electronic，日本科技信息集成）是日本科学技术振兴机构（Japan Science and Technology Agency，简称 JST）在 1999 年 10 月创立的学术期刊电子平台，创立的目的在于向全世界及时发布日本科学技术研究的杰出成果和学术进展。J-STAGE 不只是单纯地在网上公开日本的论文，国际论文的摘要也作为二次文献在网上公开，同时，读者还可从论文的引用文献直接链接到原文的出处。J-STAGE 有期刊 400 多种，近 20 万篇论文，100 多种会议录和 50 余种报告。

（5）Open J-Gate（http://www.openj-gate.com）

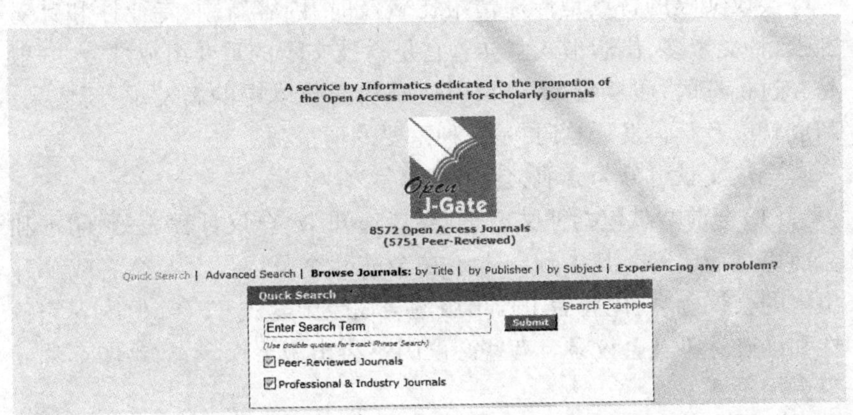

Open J-Gate 是由 Informatics（India）Ltd. 公司于 2006 年创建并开始提供服务。其主要目的是保障读者免费和不受限制地获取学术及研究领域的期刊和相关文献，提供基于开放获取的近 4000 种期刊的免费检索和全文链接。

5 如何搜集会议文献

会议文献是在学术会议上宣读和交流的论文、报告及其他有关资料。会议文献多数以会议录的形式出现。随着科学技术迅速发展,世界各国的学会、协会、研究机构及国际性学术组织举办的各种学术会议日益增多。

会议文献的特点是传递情报比较及时,内容新颖,专业性和针对性强,种类繁多,出版形式多样。它是科技文献的重要组成部分,一般是经过挑选的,质量较高,能及时反映科学技术中的新发现、新成果、新成就以及学科发展趋向,是一种重要的情报源。

会议文献可分为会前、会中和会后 3 种。

(1)会前文献包括征文启事、会议通知书、会议日程表、预印本和会前论文摘要等。其中预印本是在会前几个月内发至与会者或公开出售的会议资料,比会后正式出版的会议录要早 1—2 年,但内容完备性和准确性不及会议录。有些会议因不再出版会议录,故预印本就显得更加重要。

(2)会议期间的会议文献有开幕词、讲话或报告、讨论记录、会议决议和闭幕词等。

(3)会后文献有会议录、汇编、论文集、报告、学术讨论会报告、会议专刊等。其中会议录是会后将论文、报告及讨论记录整理汇编而公开出版或发表的文献。

会议文献没有固定的出版形式,有的刊载在学会、协会的期刊上,作为专号、特辑或增刊,有些则发表在专门刊载会议录或会议论文摘要的期刊上。据统计,以期刊形式出版的会议录约占会议文献总数的 50%。一些会议文献还常常汇编成专题论文集或出版会议丛刊、丛书。还有些会议文献以科技报告的形式出版。此外,有的会议文献以录音带、录像带或缩微品等形式出版。

会议是国际学术交流的重要形式,许多科研人员依赖于会议交流信息。即使是对会议主题和会议征文的了解,也能知道同行当前的研究热点。因此,如何有效地获取即将召开的会议信息(会议预告),对学术研究都是有积极的意义。

搜集会议文献资料除了利用论文所附的参考书目、查询收录会议文献的资料库或通过网络查询收录会议论文的相关网站外,连接至各学会、协会网站,查询该学会或协会的会议论文讯息,亦可取得相关的会议文献资料。

5.1 如何获取会议预报信息

• 通过各学会、协会、专门网站获得,如中国科学院学术会议公告。

• 通过学科专业刊物获得。

• 通过图书馆等文献信息服务机构获得(有的单位在图书馆主页建设有"国际学术会议预报"栏目)。

• 通过学科导航网站或专业信息门户获得。

• 通过搜索引擎获得。

先通过会议文献(文摘、全文)数据库,查找相关学科的会议文献,了解会议名称(Conference),通常许多会议是连续召开的,如"第×届×××国际会议"。然后通过会议名称在搜索引擎中查找最新的会议召开信息(通常主办单位都会设置专门的会议主页)。

• 通过搜索引擎目录获得。

如雅虎目录"http://dir.yahoo.com/Science/engineering/material_science/conferences/ 工程:材料科学:会议"。这是一个有关会议的超链接的页面,由此可了解到许多工程材料科学方面的会议的信息及内容。

• 通过专门搜集会议信息的网站获得。

如技术会议信息中心（Technical Conference Information Center）http://www.techexpo.com/events/，此页面提供用户一个很方便的查询界面，可根据会议名称、内容、组织单位、国家、城市及州来查找即将召开的有关科技会议的信息。

• 通过专业出版会议信息的出版物获得：《世界会议》（World Meetings）由美国 Macmillan Publishing 编辑出版，预报两年内将要召开的会议信息。共分四分册出版：《世界会议：美国和加拿大》，《世界会议：美加以外的国家和地区》，《世界会议：医学》，《世界会议：社会与科学、教育与管理》。以上 4 个分册均为季刊，内容包括自然科学、工程技术、医学和社会科学。

• 通过会议信息门户：

http://www.conferencealerts.com/ 可以按照主题浏览；

http://www.allconferences.com/ 可以按照主题浏览，很好的全球会议门户；

http://www.papersinvited.com/学术会议征稿数据库（收费网站，但可以了解什么会议将召开）。

5.2 印刷型会议文献的查找

• 国家图书馆会议文献目录的查找

通过联机公共查询目录（OPAC）可以查询到图书馆馆藏的全部中西文会议文献。其检索方法与图书类似。如用“会议录”、“会议论文集”、“conference”、“ congress”、“discussion”、“forum”、“meeting ”、“symposium”等词在所有字段中检索，可获得大量会议文献资源。

• 国内图书馆会议目录的查找

可直接登陆各个图书馆的 OPAC，查询会议信息。

• WorldCat 图书馆联合目录的查找

WorldCat 让您同时在世界万所图书馆中搜索会议文献,然后在就近的图书馆中找到这些会议文献。

5.3 馆藏电子会议全文数据库

5.3.1 中文会议全文数据库

(1)鹅湖知识库

资源介绍:该库共包括《鹅湖月刊》、《鹅湖学志》、《当代新儒学国际学术会议》、《鹅湖论文发表会论文集》4 个库,是台湾研究儒家思想的最权威数据库。数据库总数据量超过 1 亿汉字,收集了 1975 年 7 月至今台湾儒学界的全部内容。

收录年限:1975.7—

访问方式:

(2)中国重要会议论文全文数据库(清华同方知网)

资源介绍:收录了我国国家二级以上学会、协会和其他学术机构或团体在国内召开的国际性和全国性学术会议的论文集,年更新约100000篇文章。

收录年限:1998—

访问方式:

(3)中国学术会议论文全文数据库中文版(万方)

资源介绍:该库收录 1998 年至今的国家一级学会在国内组织召开的全国性学术会议近 7000 个,数据范围覆盖自然科学、工程技术、农林、医学等 27 个大类,所收论文累计近 100 万篇。

收录年限:

访问方式:

(4)中国学术会议论文全文数据库西文版(万方)

资源介绍:该库收录 1998 年至今的国家一级学会在国内组织召开的全国性学术会议近 1000 个,数据范围覆盖自然科学、工程技术、农林、医学等 27 个大类,所收论文累计近 17 万篇。

收录年限:1998—

访问方式:

5.3.2 外文会议全文数据库

(1)IEEE/IEE Electronic Library(IEL)

资源介绍:IEEE Xplore/IEL 收录 IEEE 美国电气电子工程师学会(Institute of Electrical and Electronic Engineers)及 IET 英国工程技术学会(Institution of Engineering and Technology)出版内容,包括 1988 年到现在所有的期刊、会议录和标准。当中 13 个学会的内容都回溯到了 1950 年,大部分的会议录甚至回溯到了 1913 年。主要内容有:(1) IEEE 期刊、会刊与杂志 149 种;(2)IET 期刊 23 种;(3)IEEE 会议录 900 多种;(4)IET 会议录和研讨会摘要 40 多种;(5)IEEE 标准 3100 多种 IEEE 标准文献,包括现行、历史及作废的所有标准。

收录年限:1950—

访问方式:

5.4 馆藏电子会议文摘数据库

5.4.1 中文会议文摘数据库

(1)中国化学文献数据库

资源介绍:化学化工及其相关领域的论文、专利、学位论文、会议录及图书等的题录摘要。本地光盘检索和阅览。

收录年限:1980—

访问方式:

(2)中国生物医学文献数据库

资源介绍:收录 1978 以来 1600 多种中国生物医学期刊,以及汇编、会议论文的文献题录 500 余万篇。年增文献 40 余万篇,每月更新。

收录年限:1978—

访问方式:

5.4.2 外文会议文摘数据库

(1)Ei Compendex Web 工程索引

资源介绍:数据来源于 5100 种工程类期刊、会议论文和技术报告。

收录年限:1969—

访问方式:

(2)Food Science & Technology Abstracts(FSTA)食品科技文摘

资源介绍:收集的文献超过 60 万份,内容包括了来自于期刊、图书、会议记录、报告、论文、专利、标准及立法等方面。

收录年限:1969—

访问方式:

(3)INSPEC 英国科学文摘

资源介绍:收录 3700 多种科技期刊和 2000 多种会议论文、技术报告、学位论文及图书资料。自 2010 年起我馆可访问 SSCI 1898 至 1968 年的回溯数据。

收录年限:1898—

访问方式:

(4)ISI Proceedings

资源介绍:汇集了世界上最新出版的会议录资料,直接检索12000多种国际上主要的自然科学、工程技术、社会科学和人文学术方面会议录文献的多学科数据库。周更新。

收录年限:1991—

访问方式:

(5)Web of science(SCIE,1899—),(SSCI,1898—),(AHCI,

1975—)，(CPCI—S，1990—)，(CPCI—SSH，1990—)，(CCR，1986—)，(IC，1993—)

资源介绍：Web of science 包括五大引文库(SCIE、SSCI、A&HCI、CPCI-S、CPCI-SSH)和两个化学数据库(CCR、IC)，内容涵盖全球10000多种各学科中最具声望的研究型期刊及120000多个会议的国际会议录。自2010年起我馆可访问SSCI 1900至1955年的回溯数据。

访问方式：

5.5 网络上的会议信息

5.5.1 国内网站

(1)中国学术会议在线(http://www.meeting.edu.cn/meeting/)

"中国学术会议在线"是经教育部批准，由教育部科技发展中心主办，面向广大科技人员的科学研究与学术交流信息服务平台。利用现代信息技术手段，将分阶段实施学术会议网上预报及在线服务、学术会议交互式直播/多路广播和会议资料点播三大功能，为用户提供学术会议信息预报、会议分类搜索、会议在线报名、会议论文征集、会议

资料发布、会议视频点播、会议同步直播等服务。

“中国学术会议在线”还将组织高校定期开办“名家大师学术系列讲座”,并利用网络及视频等条件,组织高校师生与知名学者进行在线交流。

(2)中国会议网(http://www.meeting163.com/index.asp/)

中国会议网为学术会议、行业会议、论坛峰会等各类会议提供中英文会议网站,在线注册参会,会议营销网络助手,会务信息管理,稿件管理及会服单位交互参与的一站式办会平台。

(3)中国学术会议网(http://conf.cnki.net/)

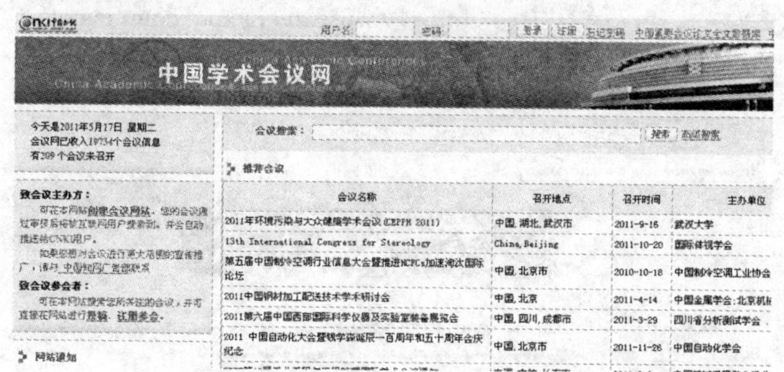

中国学术会议网由 CNKI 主办。是在深刻理解国内外学术会议

举办流程的基础上，专为会议主办方、作者、参会者设计并开发的网络化学术会议服务平台。会议网提供各项功能（创建会议网站、在线投稿审稿、在线注册参会等）。

5.5.2 国外网站

（1）国际会议预告网站（http://conferences.calendar.com/）

Calendar.com

CALENDAR INFO

CALENDAR	POPULAR CALENDAR SEARCHES		OTHER CATEGORIES
2009 Calendar	Custom Calendar	Calendars	
2010 Calendar			
Print Calendar			
Online Calendar			
Free Calendar			
PLANNING	Planning	Online Calendar Tools	
Holiday Calendar			
Online Scheduling			
Mutual Fund Investing			
Retirement Planning			
Financial Planning			
POPULAR SEARCHES	Calendar	Scheduling	
Cash Advance			
Home Loans			
Beach Vacations			

国际会议预告网给出每日更新的有关学术会议、研讨会、专题讨论会、博览会、培训等信息，并提供一个很方便的查询界面，用户可按国家、各大洲进行分类免费查询。

（2）技术会议信息中心（http://www.techexpo.com/events/）

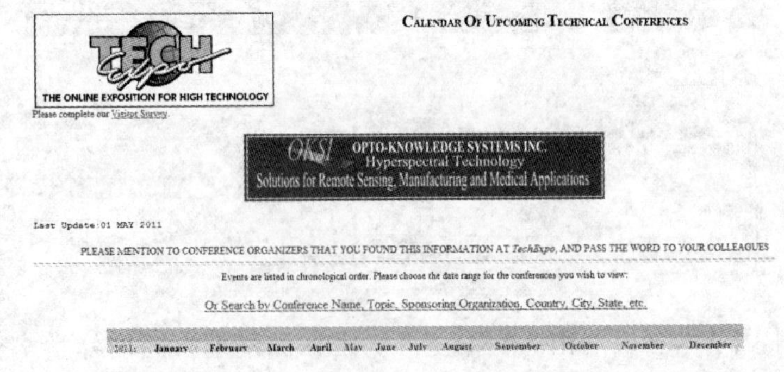

技术会议信息中心网为用户提供了一个方便的查询界面,用户可根据会议名称、内容、主办单位、国家、城市及州来查找即将召开的科技会议的信息。

(3)欧洲研究会议(http://www.esf.org/activities/esf-conferences/)

它是由欧洲科学基金会维护的网页,主要提供各学科已经召开与即将召开的会议的信息及内容。

(4)国际标准化组织(ISO)的标准化会议预告(http://www.iso.org/iso/standards_development/technical_committees/meeting_calendar.htm)

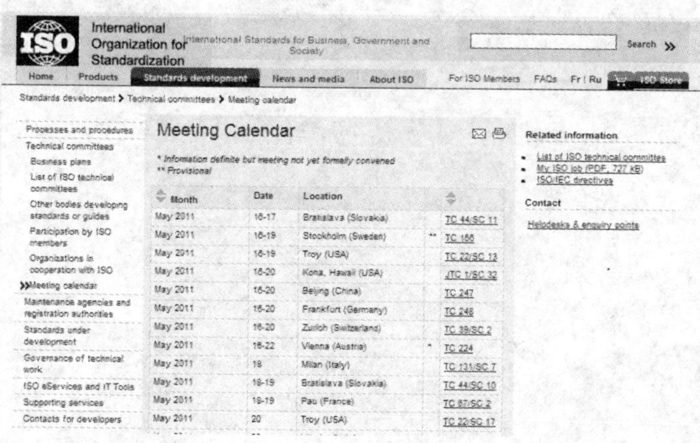

国际标准化组织标准化会议预告网提供了即将召开的国际标准化会议的具体时间、地点、内容等信息。

(5) Registry of Open Access Repositories (ROAR) (http://roar.eprints.org/)

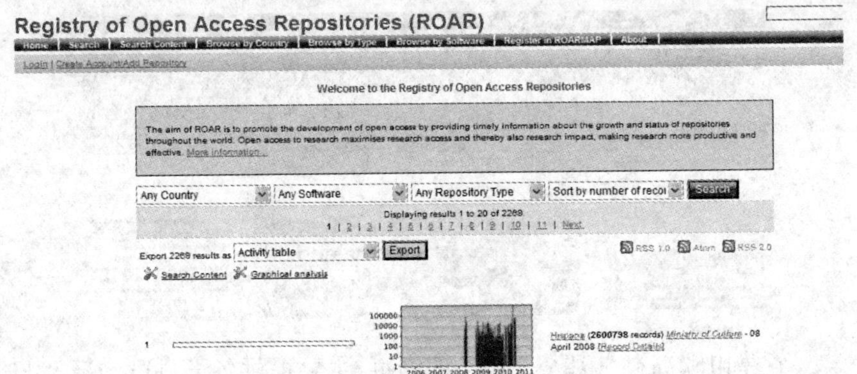

提供不同国家已经登记的电子印本系统或者机构收藏库,在这些机构库中收录有该机构研究人员的学术成果,其中包括部分会议论文全文。

6 如何搜集学位论文

学位论文是高等学校或研究机构的学生为取得学位，在导师指导下完成的科学研究、科学试验成果的书面报告。由于各国教育制度规定授予学位的级别不同，学位论文也相应有学士学位论文、硕士学位论文、博士学位论文之分。

从学术价值来说，学位论文的查找一般均指硕士论文和博士论文，国外学位论文一般都标有 Dissertations（或 Diss）。国内外硕士、博士生的学位论文对学术研究而言，都是很好的参考资料。

6.1 印刷型学位论文的查找

6.1.1 国家图书馆学位论文目录的查找

国家图书馆学位论文收藏中心是国务院学位委员会指定的全国唯一负责全面收藏和整理我国学位论文的专门机构，也是人事部专家司确定的唯一负责全面入藏博士后研究报告的专门机构，涉及哲学、经济学、法学、教育学、文学、历史学、理学、工学、农学、医学、军事学、管理学等学科门类的博士学位论文、硕士学位论文、博士后研究报告、海外学位论文。① 其中含国家图书馆收藏的3000余家博士后流动站的研究报告万余种，博士论文20余万种，重点院校、重点学科的硕士学位论文10余万种，台湾博士学位论文和部分海外华人华侨学位论文6000余种。

通过联机公共查询目录（OPAC）可以查询到图书馆馆藏的全部中西文学位论文。其检索方法与图书类似。通过馆藏目录可查询具体

① http://rest.nlc.gov.cn/home/index.trs?channelid=3

某本学位论文是否被我馆收藏,还可查看该学位论文的具体馆藏信息,包括馆藏地址、收录年代、所有单册信息等。美国UMI公司的博士学位论文自1938年至最新,并逐年增订;博士论文以缩微平片形式收藏于国图缩微文献阅览室,可在该室查询并使用缩微阅读机阅读并提供还原复制服务。

6.1.2 国内图书馆学位论文目录的查找

国内纸本学位论文除了国图收藏外,还有中国科技信息研究所、中国社会科学院信息所两家收藏单位,各个高校图书馆收藏本校的学位论文。可通过各个图书馆公共目录查询。

6.1.3 WorldCat 图书馆联合目录的查找

WorldCat 让您同时在世界万所图书馆中搜索学位论文,然后在就近的图书馆中找到这些学位论文。

6.2 馆藏电子学位论文全文数据库

(1)中国优秀博硕士学位论文数据库(清华同方知网)

资源介绍:截至2007年11月收录全国400多家博士培养单位的优秀博士学位论文全文71651篇,600多家硕士培养单位的优秀硕士学位论文全文506975篇。

收录年限:1999—

访问方式:

(2)中国学位论文全文数据库(万方)

资源介绍:该库由国家法定学位论文收藏机构——中国科技信息研究所提供,并委托万方数据加工建库,收录了自1980年以来我国理、工、农、医、人文社科等各个领域的博士、博士后及硕士研究生论文,论文全文已达100余万篇,并年增全文15万篇。

收录年限:1980—

访问方式:

(3)CETD 中文电子学位论文服务(台湾华艺)

资源介绍:CETD 中文电子学位论文服务收录中国内地、台湾、香港、澳门等大专院校自 2004 年起的博硕士论文,篇目数据已达 11 万余篇,电子论文全文有 8 万余篇(截至 2010 年 7 月)。其收录数量仍在持续增加当中。

访问方式:

6.3 馆藏电子学位论文文摘数据库

6.3.1 中文学位论文文摘数据库

(1)北京协和医学院博硕学位论文库

资源介绍:收录 1981 年以来北京协和医学院培养的博士、硕士研究生学位论文,学科范围涉及医学、药学各专业领域及其他相关专业,可在线浏览文章的前 30 页。每季更新。

收录年限:1981—

访问方式:

(2)馆藏博士论文与博士后研究报告数字化资源库

资源介绍:是以国家图书馆 20 多年来收藏博士论文近 12 万种为基础建设的学位论文全文影像数据。目前博士论文全文影像资源库以书目数据、篇名数据、数字对象为内容,提供 10 万余种博士论文全文前 24 页的展示浏览。

访问方式:

6.3.2 外文学位论文文摘数据库

(1)ProQuest Dissertations & Theses 学位论文全文库

资源介绍:PQDT 学位论文全文库是目前国内唯一提供国外高质量

学位论文全文的数据库,主要收录了来自欧美国家2000余所知名大学的优秀博硕士论文,目前中国集团可以共享的论文已经达到254345篇,涉及文、理、工、农、医等多个领域,是学术研究中十分重要的信息资源。

收录年限:1981—

访问方式:

(2)ProQuest Dissertations & Theses:A & I学位论文文摘库

资源介绍:收录了欧美1000余所大学的240多万篇学位论文,每年新增6.5万多篇。

收录年限:1861—

访问方式:

6.4 网络上的学位论文资源

6.4.1 国内网站

(1)国家科技图书文献中心中文学位论文查询(http://www.nstl.gov.cn/NSTL/facade/search/searchByDocType.do?subDocTypes=D01,D02&name_chi=%C2%DB%CE%C4)

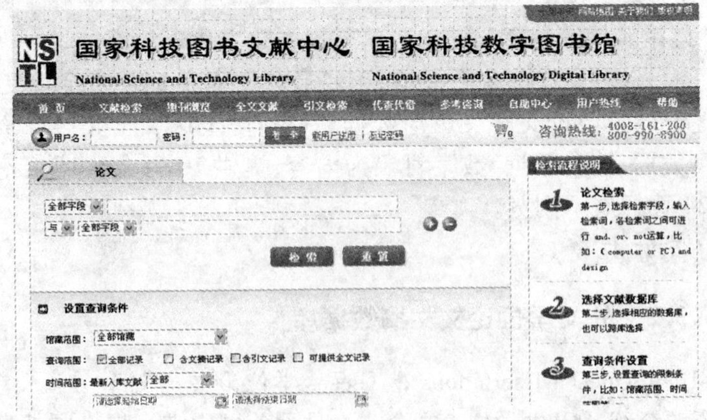

该网站收藏我国高等院校、研究生院及研究院所的博硕士论文和博士后报告,涉及自然科学各领域,兼顾人文社科,有文摘。

(2)香港大学学位论文(http://sunzi1. lib. hku. hk/hkuto/index. jsp)

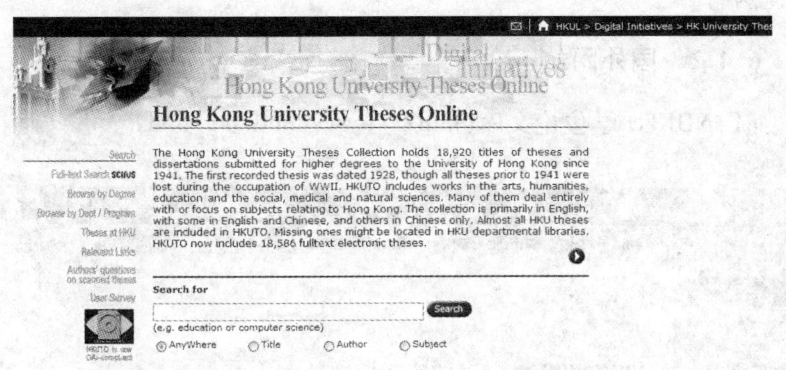

该网站收录了香港大学 1941 年以来的博士和硕士论文,涉及人文、教育、社会、医学和自然科学等多学科,部分可以查到原文。

(3)台湾学术机构典藏(http://tair. org. tw/)

台湾学术机构典藏(Taiwan Academic Institutional Repository,简称TAIR)是台湾大学图书馆接受“台湾教育部”委托,所建的台湾学术成果入口网站,为台湾全体学术机构的共同成果。大部分典藏库的资源都可以免费进行下载,是我们了解台湾学术机构的学术和相关信息的最佳网站。

6.4.2 国外网站

(1)NDLTD 学位论文库(http://www.ndltd.org/find)

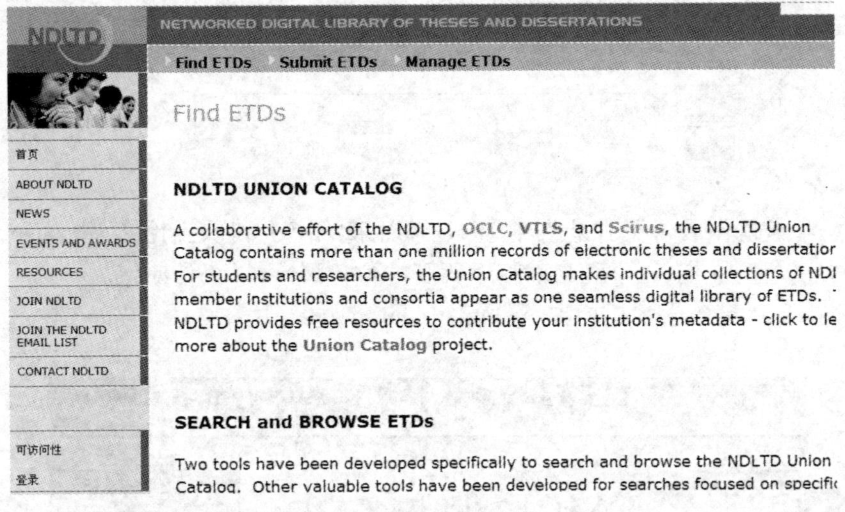

美国国家自然科学基金的一个网上学位论文共建共享项目,利用Open Archives Initiative(OAI)的学位论文联合目录,目前包含全球十几家成员,多数有全文。

(2) Dissertation. com(http://www. dissertation. com/index. php)

该网站提供学位论文的出版,同时提供已出版学位论文的检索。可以按学科主题进行浏览,或按题名浏览;提供检索功能有按题名检索、作者检索、ISBN 号检索和按描述进行检索。检索到的学位论文可以免费浏览前 25 页,如果需要全文可以直接和作者联系。

(3)加拿大 AMICUS 学位论文(http://www. collectionscanada. gc. ca/thesescanada/)

该网站提供了一个加拿大学位论文信息查询的集中入口。在此网站上可免费检索 AMICUS 的学位论文及相关信息。AMICUS 为全加拿大公共书目信息检索系统，其学位论文库建立于 1965 年，收录加拿大 1300 多个图书馆的学位论文信息。另外还可免费检索和获得加拿大 1998 年至 2002 年出版的部分论文信息。

（4）Australasian Digital Thesis 澳大利亚电子论文库（http://adt.caul.edu.au/）

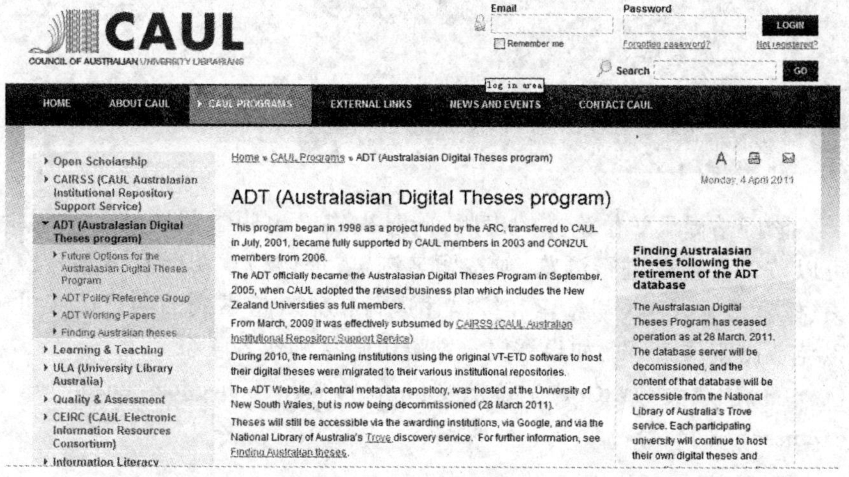

ADT program 原先由澳大利亚七所大学共同组织发起，至今已发展到全澳大利亚的大学，提供各校论文全文下载，目前已超过 8 万多笔资料。该计划宗旨除了开启研究交流的入口，也期望将澳大利亚研究成果推向国际社会。

(5)剑桥大学机构收藏库(http://www.dspace.cam.ac.uk/)

剑桥大学机构收藏库(DSpace@ Cambridge)收藏了剑桥大学师生提供的众多资料。包括图书馆数字化的资料和本校其他机构产生的数字资源,如论文、预印本、学位论文、技术报告、各个学部和大学档案等,这些资料以不同的格式如多媒体、交互式课件、数据集、数据库等形式存储。绝大部分可以免费下载。

(6)麻省理工学院存储库(DSpace at MIT)(http://dspace.mit.edu/)

麻省理工学院存储库收录了麻省理工大学电子版的很多资料。其中包括预印本、技术报告、工作论文、学位论文、会议文献、图像等。这些大都可以免费下载全文,也有一些只可以查看摘要。网站界面和文字大都为英文。

7 如何搜集新闻资料

新闻资料为新闻报道参考、引用和核实的需要而搜集、整理、加工的各种类型的知识性、背景性材料，新闻资料在内容上具有广泛性。由于新闻报道的内容涉及人类社会活动的一切领域和行业，因此，新闻资料的内容范围也必然广泛地涉及人类社会活动的一切领域和行业，如政治、军事、经济、科学、教育、卫生、文化、历史、哲学、国际关系、各国情况等方面。

新闻资料可提供许多实时信息，但由于数量庞大，欲搜集新闻资料势必得借助各种报纸数据库、新闻门户网站、搜索引擎。新闻媒体提供的在线新闻以实时性取胜，若要搜集特定专题报导或时间较久远的新闻信息则以查询报纸数据库为宜。

7.1 印刷型报纸的查找

7.1.1 国家图书馆报纸目录的查找

通过联机公共查询目录(OPAC)可以查询到图书馆馆藏的全部中外文报纸。常用检索项有：报纸名、ISSN、出版商。“报纸名称”可用全称、名称关键词进行检索。

7.1.2 国内图书馆报纸目录的查找

可直接登陆各个图书馆的 OPAC，查询报纸信息。

7.1.3 WorldCat 图书馆联合目录的查找

WorldCat 让您同时在世界万所图书馆中搜索报纸，然后在就近的图书馆中找到这些报纸。

7.2 馆藏电子报纸全文数据库

7.2.1 中文报纸全文数据库

(1)中国重要报纸全文数据库(清华同方)

资源介绍:收录2000年以来中国国内公开发行的约1000种重要报纸刊载的学术性、资料性文献的连续动态更新的全文数据库。从2006年起每年精选120余万篇文献。

收录年限:2000—

访问方式:

(2)中国报纸资源全文数据库(方正阿帕比)

资源介绍:收录了全国各大报业集团的核心报纸400余种,不仅可以按报纸、按栏目、按文章、按图片进行文章级的内容检索,还可以通过文章直接翻阅原报,同时提供按地区、按分类、按字母检索报纸的方式。

访问方式:

(3)参考消息

资源介绍:该数据库收录了参考消息自1957年3月1日创刊以来到2007年1月25日的全部报纸原版、文字、图片、表格、广告信息的全文信息。

收录年限:1957.3—2007.1

访问方式:

(4)经济日报

资源介绍:该数据库收录了经济日报自1983年1月1日创刊以来到2006年9月30日的全部报纸原版、文字、图片、表格、广告信息的全文信息。

收录年限:1983.1—2006.9

访问方式:

(5)慧科中文报纸数据库

资源介绍:大陆香港两地数百份报章杂志,及国家统计出版社提供的专业数据。

收录年限:1998—

访问方式:

(6)人民日报全文数据库

资源介绍:该数据库可检索 1946 年以来刊载在《人民日报》上的全部文献的标题、出处(含年、月、日、版)及全部图文信息及原版信息。

收录年限:1946—

访问方式:

(7)中国财经报刊数据库

资源介绍:收录了 70 多种主要财经类报刊或杂志的财经新闻,并将新闻资讯进行了股票、基金、债券等多个专题的分类归纳,每日更新 2300 余条。除财经新闻外,还包括上市公司、基金、债券等全文公告和证券法律法规等。

收录年限:1991—

访问方式:

(8)新闻智慧网(台湾十大报纸)

资源介绍:台湾新闻智慧网收录了台湾八大报(《联合报》、《联合晚报》、《经济日报》、《民生报》、"《中国时报》"、"《中央日报》"、《工商时报》、《自由时报》)之全版标题索引,包括政治、社会、财经、影视艺术、体育和副刊等多个栏目,迄今已累积两千多万笔新闻。其中,中国时报和联合报可查看全文影像资料。

访问方式:

(9)台湾时报数据库(中文、日文)

资源介绍:台湾时报是日治时期台湾总督府所发行的日语机关杂志,收录内容包括当时台湾的政治、农业、工业、贸易、交通、军事、教育、司法、警察、土木、技术、工艺、文艺等方面的论文和统计资料,同时收录了在台知名的日本作家的诗句小说等,都是台湾研究的宝贵资料。

收录年限:1898—1907　1909—1945

访问方式:

(10)中国科技经济新闻数据库

资源介绍:该库收录了自 1992 年以来的 420 多种中国重要报纸和12000多种期刊,包括科研、工业 A、工业 B、工业 C、农业、医药、商业、经济、教育 9 个专辑。

收录年限:1992—

访问方式:

7.2.2　外文报纸全文数据库

(1)Access World News(世界各国报纸全文库)

资源介绍:数据库全库提供 1300 多种世界各国家和地区最受欢迎和普遍阅读的报纸电子版全文,我馆订购了其中的 120 余种报纸。

访问方式:

(2)Business and Company Resource Center(GALE)

资源介绍:可检索来自于 2800 多份商业全文期刊和 100 多份报纸的 45 万家公司及 8000 个行业协会的详细信息。

收录年限:1998—

访问方式:

(3)Factiva 数据库

资源介绍:提供来自 159 个国家的以 22 种语言出版的重要商业信息。整合了 Dow Jones Interactive 和 Reuters Business Briefing 两大资源库的一万多种出版物,包括 2300 余种报纸、4200 余种期刊和杂志、640 多区域性的和行业性的新闻专线、35000 多经过编辑的全球的公司报告。自 2010 年 1 月 1 日起,该数据库改用 IP 控制访问。

访问方式：

(4) Newspaper Source(EBSCO)

资源介绍：该数据库提供35种国家和国际报纸的完整全文，包含375种地区(美国)报纸精选全文，还提供全文电视和广播新闻脚本。

访问方式：

(5) PressDisplay报纸数据库

资源介绍：该数据库收录来自80余个国家900余种世界各国的报纸，并且收录每期报纸的全部内容。该库保持了报纸出版的原始面貌，包含国内读者最常用报纸：《华尔街日报》、《华盛顿邮报》、《金融时报》、《卫报》、《观察家报》、《费加罗报》、《每日快讯》、《每日电讯》、《今日美国》、《每日镜报》等，涵盖全球40余种语言。具备8种标准语音的播放功能；每日更新，可以看到当天的报纸；注重时效性，回溯60—90天内的报纸内容；保持印本报纸的原始版面；此外，还具有多种比例的放大浏览；支持11种语言翻译；新闻热点导读，以绿色方格表示关注度；方便的博客(Blog)引用功能；无需下载或安装任何软件；同时具有全文检索功能。

访问方式：

(6) ProQuest Wall Street Journals-East Edition 华尔街日报(美国本土版—同步)

资源介绍：《华尔街日报》在美国是权威的商业新闻来源。它在全国各地都有发行，是美国日发行量最大的报纸。读者通过关注《华尔街日报》上刊登的一些关键性统计报告，就可以迅速准确地把握美国经济的起起落落。

访问方式：

7.3 馆藏电子报纸索引/文摘数据库

(1)全国报刊索引数据库

资源介绍：全国社会科学类期刊6000多种，报纸200余种。年更新量约 20 余万条。

收录年限:1857—

访问方式:

(2)新闻智慧网(台湾十大报纸)

资源介绍:台湾新闻智慧网收录了台湾八大报(《联合报》、《联合晚报》、《经济日报》、《民生报》、“中国时报”、“中央日报”、《工商时报》、《自由时报》)之全版标题索引,包括政治、社会、财经、影视艺术、体育和副刊等多个栏目,迄今已累积两千多万笔新闻。其中,“中国时报”和《联合报》可查看全文影像资料。

访问方式:

7.4 网络上的报纸资源

公开发行的报纸大多有专门的电子版网站或固定网页,大致提供 3 种类型的站内检索模式,即回溯型检索、主题型检索和综合型检索。

回溯型检索是以“往期回顾”、“过刊查询”等形式,按日期对往期报刊进行回溯性检索;主题型检索可对报刊内容以关键词进行特性检索,以作者、标题等进行特定篇章检索;综合型检索则是在同一检索页面提供按时间、作者、标题、关键词、版面、栏目等检索入口,同时兼有日期回溯和关键词检索两种功能。

7.4.1 国内网站

(1)各地报纸大全(http://www.hsw.cn/_else/baokandaquan/bzdq.htm)

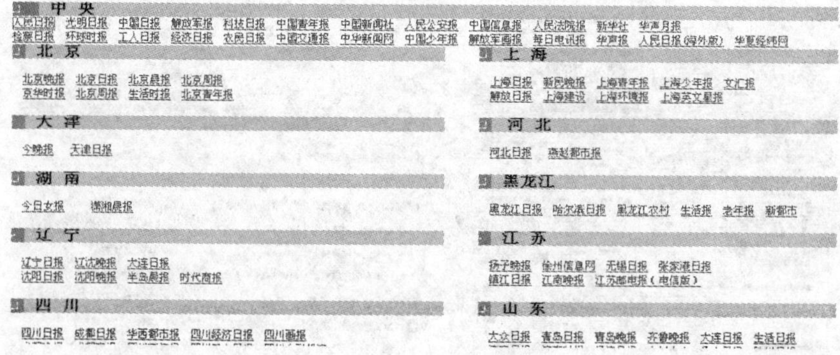

该网站按地区划分,可点击报纸名称进入相关报纸网站浏览查询。

(2)上海图书馆电子报纸导读(http://newspaper.digilib.sh.cn/website/index.asp)

上海图书馆
上海科学技术情报研究所
上海图书馆电子报纸导读
电子报纸导读 ▸ 订购数据库 ▸ 光盘版报纸 ▸ 试用数据库 ▸ 免费报纸网站链接
地区列表
上海 北京 天津 重庆 安徽 福建 甘肃 广东 广西 贵州 海南 河北 河南 黑龙江 湖北 湖南 吉林 江苏 江西 辽宁 内蒙古 宁夏 青海 山东 山西 陕西
全部报纸
新闻晨报 新民晚报 新闻晚报 环球时报 解放日报
青年报 上海证券报 文汇报 中国证券报 香港文汇报
东方早报 南方周末 报刊文摘 人民日报 中江服务导报
扬子晚报 大公报 电脑报 天天新报 中国青年报
生活周刊 文摘报 上海星期三 东方体育日报 21世纪经济报道
人才市场报 劳动报 上海家庭报 健康时报 广州日报
证券时报 体坛周报 每日经济新闻 羊城晚报 新民周刊

上海图书馆科技情报研究所提供的国内报纸网站,种类非常齐全,并提供了多种检索方法。

(3)人民日报(http://paper.people.com.cn/rmrb/html/2011-05/19/nbs.D110000renmrb_01.htm)

该网站可以免费阅读《人民日报》数字报当天的全部版面以及2009年1月1日至今的全部前四版内容。

(4)光明日报报业集团数字报(http://epaper.gmw.cn/)

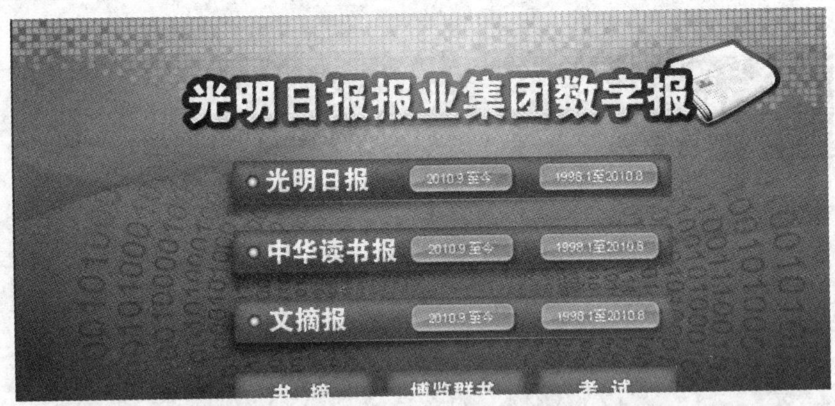

该网站可选择要查询的报纸或杂志的年份点击进去后浏览。

光明日报	中华读书报	文摘报	杂志	信息化周刊	生活时报
2010 年	2010 年	2010 年			
2009 年	2009 年	2009 年			
2008 年	2008 年	2008 年	《书摘》		
2007 年	2007 年	2007 年			
2006 年	2006 年	2006 年			
2005 年	2005 年	2005 年	《博览群书》		
2004 年	2004 年	2004 年		2004 年	
2003 年	2003 年	2003 年		2003 年	2003 年
2002 年	2002 年	2002 年		2002 年	2002 年
2001 年	2001 年	2001 年		2001 年	2001 年
2000 年	2000 年	2000 年		2000 年	2000 年
1999 年	1999 年	1999 年		1999 年	1999 年
1998 年	1998 年	1998 年			1998 年

7.4.2 国外网站

(1)国外报纸大全(http://www.world68.com/paper.asp)

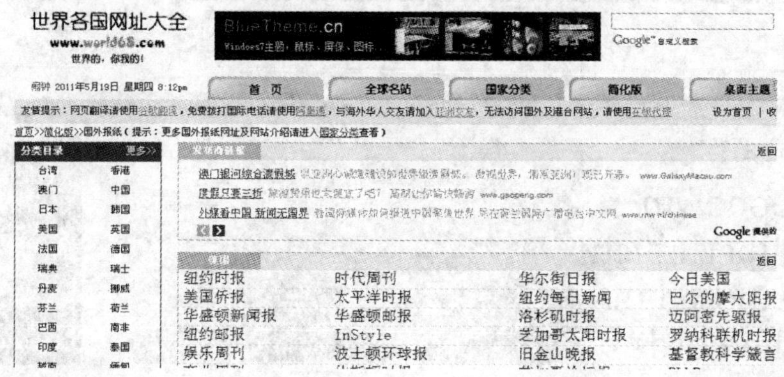

世界各国网址大全目前收录国外近万家精品网站，涵盖综合门户、新闻媒体、招聘求职、政府机构、电视电台、电脑科技等多领域资源。

(2)The New York Times(纽约时报)(http://nytimes.com/)

《纽约时报》(The New York Times)有时简称为“时报”(The Times)，是一份在美国纽约出版的日报，在全世界发行，有相当的影响力，是美国高级报纸/严肃刊物的代表，长期以来拥有良好的公信力和权威性。

(3)Times (泰晤士报)(http://www.timesonline.co.uk/)

《泰晤士报》(The Times)是英国的一张综合性全国发行的日报，是一张对全世界政治、经济、文化产生巨大影响的报纸，一直被视为英国的第一主流大报，被誉为“英国社会的忠实记录者”。

7.5 新闻门户网站检索

新闻门户网站检索主要用于查找报纸资料。国内较大的综合新闻门户网站都有一定规模的媒体联盟，依托众多媒体实现新闻共享，利用其自建数据库和专门的搜索引擎，可以检索联盟内各媒体的实时新闻和相关资料。各门户网站采用的搜索技术不同，搜索引擎亦各具功能和特色，但其共同特点是其搜索结果不同程度地包括了本站以外众多网络媒体(尤其是报纸的电子版)的相关内容，

7.5.1 搜狗新闻搜索(http://news.sogou.com/)

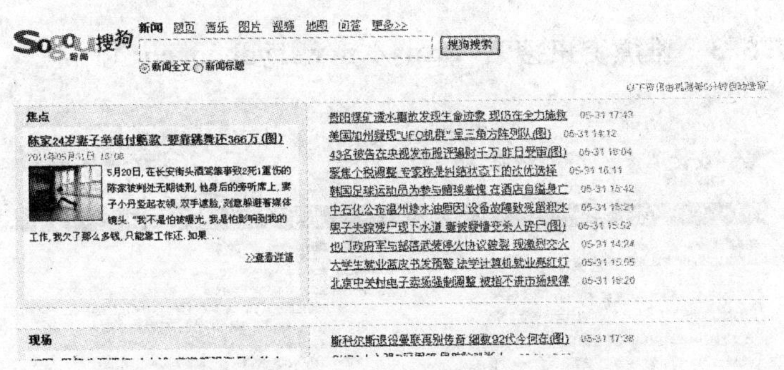

搜狗的新闻搜索引擎采用先进的多线程 spider 技术，它就像一部搜索区域广阔的雷达，同时监测着 500 家网络媒体的新闻。该引擎还可保留近一个月的全部新闻，保障了信息储备的丰富性。同时引擎将所有信息进行相关度排序，使最有可能满足用户需求的查询结果排在最前，提高了用户搜索命中率。

7.5.2 “新浪”新闻搜索(http://cha.iask.com/tools/news/)

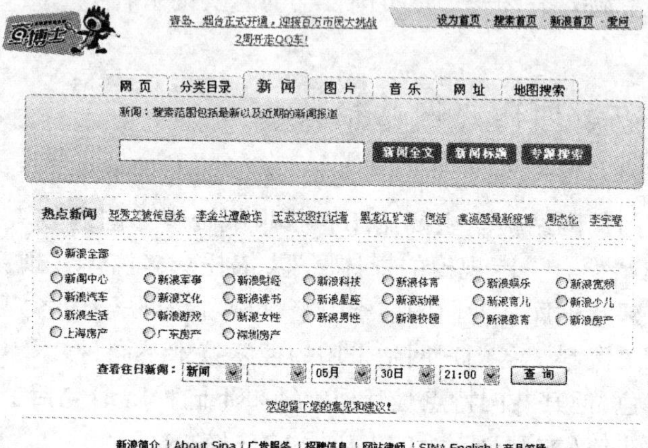

“新浪”新闻搜索范围包括最新以及近期的新闻报道,可以进行新闻全文、新闻标题和专题检索。

7.5.3 雅虎资讯搜索(http://news.yahoo.cn/)

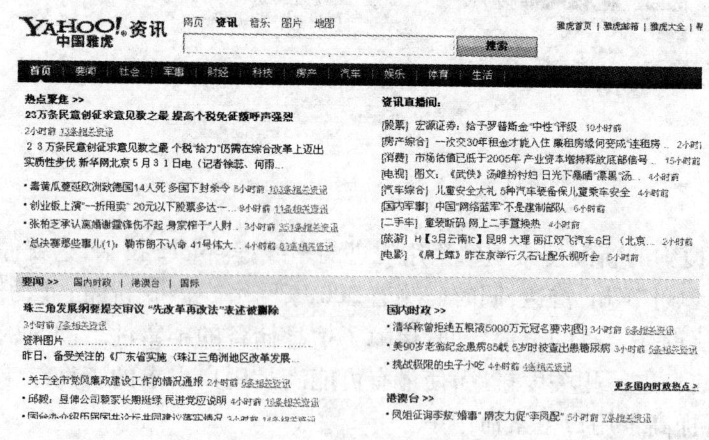

雅虎资讯搜索的新闻源是服务器根据相应的计算机算法，在全国近千个新闻网站中不定时进行自动抓取而来的。导航条包括 10 个新闻分类，每个大分类下还有更多的子分类新闻，点击相关链接即可浏览各个分类中的新闻浏览界面。

7.6 搜索引擎检索

在检索实践中，凡查询报纸资料，专业人员大都会首先使用新闻搜索引擎或搜索引擎的新闻搜索功能。

目前国内最为著名和常用的新闻搜索引擎是百度（http://news.baidu.com/）。

7.6.1 百度新闻搜索（http://news.baidu.com/）

百度新闻搜索引擎是“世界上最大的中文新闻搜索平台，每天发布80000—100000条新闻，新闻来源包括 500 多个综合和地方新闻网站、专业和行业网站、政府部门和组织网站、报刊杂志广播电视媒体网站”。百度新闻每 5 分钟对互联网上的新闻进行自动更新，并根据内

容为每篇新闻提供一个地区属性，据此可以检索全国 34 个省市自治区的即时地方新闻（http://news.baidu.com/location.html）。[①]

7.6.2 Google 资讯（http://news.google.com.hk/nwshp?hl=zh-CN&tab=wn）

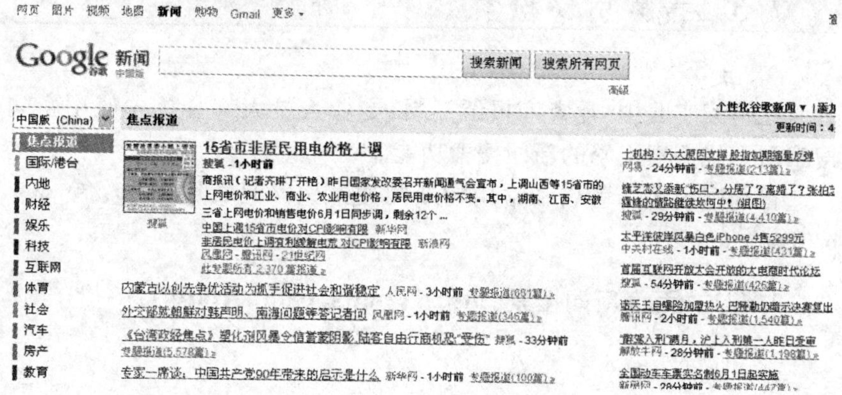

Google 资讯不刊登或转载任何完整的资讯内容，Google 从全球 1000 多个中文资讯来源中收集资讯报道，然后进行自动排列，相关性最强的资讯呈现在首位。资讯主题每 15 分钟更新一次，因此您每次查看时，都会看到新的报道。您挑选自己感兴趣的主题，然后直接进到发布此资讯的网站。

① 中文网络报刊资料的检索技巧.(2011-05-15).http://promote.yidaba.com/wlyxch/ssyqyx/195569.shtml

8 如何搜集研究报告

研究报告是对科学、技术研究结果或研究进展的记录,又称科技报告、报告文献。研究报告的出现早于科技期刊,在科学交流制度化之前很久,科学家们就已经在交换报告。但是,科技报告作为一种传递科技情报的特定类型的文献,其历史只能追溯到20世纪初。当时只是研究或设计单位向提供经费的机构提交的关于研究或设计任务完成情况及财物消耗情况的报告。

研究报告的特点:

(1)反映新的科研成果迅速。以科技报告形式反映科研成果比这些成果在期刊上发表一般要早一年左右,有的则不在期刊上发表。

(2)内容多样化。它几乎涉及整个科学、技术领域和社会科学、行为科学以及部分人文科学领域。

(3)保密性。大量科技报告都与政府的研究活动、高新技术有关,使用范围控制较严。

(4)报告质量参差不齐。大部分科技报告是合同研究计划的产物,由工程技术人员编写,由于撰写受时间限制、因保密需要以工作文件形式出现等因素影响,使报告的质量相差很大。

(5)每份报告自成一册,装订简单,一般都有连续编号。

按研究报告反映的研究阶段,大致可分为:

(1)研究过程中的报告,如:现状报告、预备报告、中间报告、进展报告、非正式报告;

(2)研究工作结束时的报告,如:总结报告、终结报告、试验结果报告、竣工报告、正式报告、公开报告等。

按研究报告的文献形式,大致可分为:

(1)报告书,是一种比较正式的文件;

(2)札记,研究中的临时记录或小结;

(3)论文,准备在学术会议上或期刊上发表的报告;

(4)备忘录,供同一专业或同一机构中的少数人沟通信息用的资料;

(5)通报,对外公布的、内容较为成熟的摘要性文件;

(6)技术译文。

按报告的使用范围可划分为:绝密报告、机密报告、秘密报告、非密限制发行报告、非密报告、解密报告等。

政府机构、研究单位或学术团体的研究成果报告,是从事研究时极佳的参考资料。

8.1 印刷型研究报告的查找

8.1.1 国家图书馆研究报告目录的查找

通过联机公共查询目录(OPAC)可以查询到图书馆馆藏的全部正式出版的中外文各种报告。常用检索项有:报告名、ISBN、出版商。"报告名称"可用全称、名称关键词进行检索。

8.1.2 国内图书馆研究报告的查找

可直接登陆各个图书馆的 OPAC,查询研究报告。

8.1.3 全球图书馆研究报告的查找

WorldCat 让您同时在世界万所图书馆中搜索研究报告,然后在就近的图书馆中找到这些研究报告。

8.2 馆藏电子报告全文数据库

8.2.1 中文报告全文数据库

(1)国务院发展研究中心信息网

资源介绍:国研网是国务院发展研究中心主管、主办的大型经济类专业网站,由全文数据库、统计数据库、分析报告数据库、专题数据库四大数据库集群组成。包括国研视点、宏观经济、金融中国、金融数据、宏观数据等内容,并通过持续跟踪、分析国内外宏观经济、金融和重点行业基本运行态势、发展趋势,准确解读相关政策趋势和影响,及时研究各领域热点/重点问题,为用户提供研究和战略决策需要的高端信息产品。

访问方式:

(2)皮书数据库

资源介绍:该库保存整理了中国社科院近 20 年间数千名研究人员的年度报告类科研成果,内容涉及 100 余个行业、区域和领域,包括 6 个子数据库。截至 2009 年底,收录 651 本皮书,24000 余篇专项研究报告。

访问方式:

8.2.2 外文报告全文数据库

(1)Ei Compendex Web 工程索引

资源介绍:数据来源于 5100 种工程类期刊、会议论文和技术报告。

收录年限:1969—

访问方式:

(2)Food Science & Technology Abstracts (FSTA)食品科技文摘

资源介绍:收集的文献超过 60 万份,内容来自于期刊、图书、会议记录、报告、论文、专利、标准及立法等方面。

收录年限:1969—

访问方式:

(3) INSPEC 英国科学文摘

资源介绍:收录 3700 多种科技期刊和 2000 多种会议论文、技术报告、学位论文及图书资料。自 2010 年起我馆可访问 SSCI 1898 至 1968 年的回溯数据。

收录年限:1898—

访问方式:

(4) Country Report 国家报告

资源介绍:《国家报告》针对全球近 200 个国家或区域进行分析。它可以帮助读者及时掌握全球市场的主要事件,并研判这些事件在中短期内将会产生的影响。每本《国家报告》都会针对某个国家或地区的主要事件进行全面深入的分析,包括政治情况、经济政策、本地经济、产业动态、外贸等。

收录年限:1975—

访问方式:

(5) Documents on British Policy Overseas(英国海外政策文件)

资源介绍:数据库包含了五万多份英国政府关于国际关系的政府文件,包含外国政策指导、信件和备忘录、商业报告等。这些原始资料来自于 Foreign and Commonwealth Office(FCO)。

收录年限:1898—

访问方式:

(6) Factiva 数据库

资源介绍:提供来自 159 个国家的、以 22 种语言出版的重要商业信息。整合了 Dow Jones Interactive 和 Reuters Business Briefing 两大资源库的一万多种出版物,包括 2300 余种报纸、4200 余种期刊和杂志、640 多区域性的和行业性的新闻专线、35000多经过编辑的全球的公司报告。自 2010 年 1 月 1 日起,该数据库改用 IP 控制访问。

访问方式:

(7)ISI Emerging Market Information Service(EMIS)ISI 全球新兴市场信息服务

资源介绍:EMIS 数据库提供基于互联网传送的 80 多个新兴国家和地区的18000余种商业信息资源和市场动态。内容包括:纯文本格式的实时新闻,所有上市公司和部分非上市公司的分析报告和可供比较的财务报表,行业深度分析报告和统计数据,金融证券市场分析,宏观经济统计数据及法律法规等。

收录年限:1994—

访问方式:

(8)Journal Citation Reports 期刊引证分析报告

资源介绍:JCR 是综合性的期刊分析与评价报告。

收录年限:1997—

访问方式:

8.3 网络上的研究报告资源

8.3.1 国内网站

(1)中国报告大厅(http://www.baogao.com/)

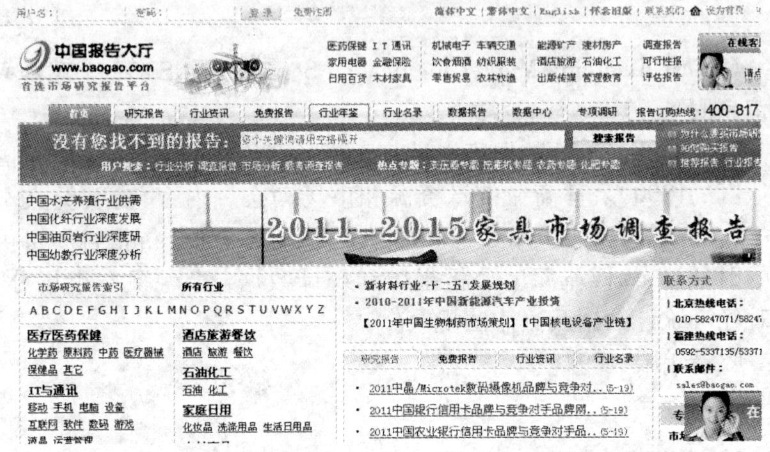

该网站与国内100多家最优质研究公司建立良好的合作关系，推出超过50000份有价值的研究报告。提供行业研究报告、市场调查报告、投资报告、调研报告、市场行业分析报告、行业趋势报告、优势报告等。

（2）百度数据研究中心（http://data.baidu.com/）

百度数据研究中心，依据每天数亿人次的搜索，从行业角度对用户搜索行为数据进行综合梳理，挖掘出网民的潜在需求与消费偏好，描绘出品牌竞争格局，并预测行业的发展趋势，为企业提供决策依据与营销效果评估，从而为产品与消费者分析带来全新的研究方法和营销理念。

(3)51 报告在线(http://www.51report.com/)

51 报告在线(www.51report.com)是大中华地区最大的信息咨询行业商务网站，一直致力于国内咨询行业网上商务交易的开发与维护。

8.3.2 国外网站

(1)Science.gov 美国“科学”网站(http://www.science.gov/)

美国“科学”网站收录内容以研究与开发报告为主，所有的信息均免费使用，也不必注册，但是通过这些站点链接的有些信息是限制使用或有条件使用的。

（2）美国政府报告数据库（http://www. ntis. gov/）

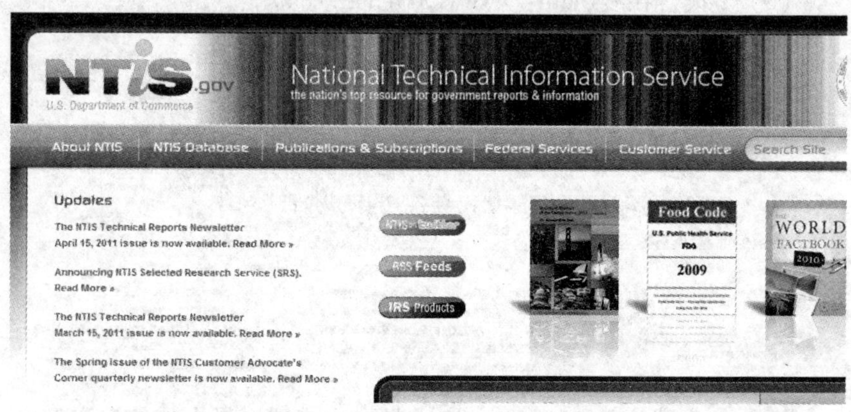

美国政府报告数据库报道 PB 报告、非密或解密的 AD 报告、部分 NASA 报告和 DOE 报告，以及其他类型的科技报告、题录。

（3）Documents & Reports of the WorldBank Group 世界银行组织的文件与报告库（http://www-wds. worldbank. org/）

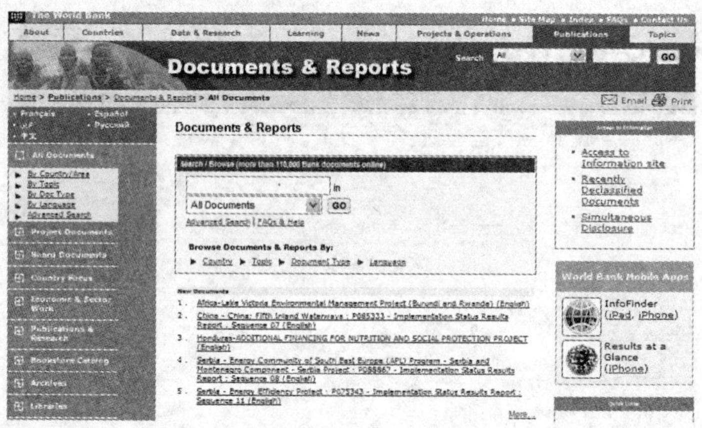

该网站提供世界银行超过65000个免费的可下载的文件，包括操作文件（项目文件，分析和建议工作，评价）、正式和非正式的研究论文。

9 如何搜集专利文献

专利文献是记录有关发明创造信息的文献。广义包括专利申请书、专利说明书、专利公报、专利检索工具以及与专利有关的一切资料;狭义仅指各国(地区)专利局出版的专利说明书或发明说明书。

由于专利可区分为发明专利、实用新型专利、外观设计专利、植物专利、再公告专利、防卫性公告、商标、技术诀窍等,专利文献也可相应地按内容作如上类型划分。广义的专利文献有专利申请书、专利说明书、专利公报、专利法律文件、专利检索工具等类型。

专利公报是专利局定期(每周、每月或每季)公布新收到或批准的专利的刊物,一般有发明内容摘要。专利法律文件包括专利法、专利局公布的公告及有关文件。专利检索工具包括专利公报、专利索引和文摘、专利分类法等。

专利文献具有以下特征:

(1)寓技术、法律和经济情报于一体,从专利文献中可了解发明技术的实质、专利权的范围和时限,还能根据专利申请活动的情况,觉察正在开拓的新技术市场以及它对经济发展的影响。

(2)内容新颖,出版迅速。各国专利法均规定申请专利的发明必须具有新颖性,特别是由于大多数国家采用了先申请原则,即分别就同样发明内容申请专利的,专利权将授予最先申请者。这就促使发明者在完成发明构思后迅速申请专利。事实上,一些重大的发明常在专利文献公开10余年后才见诸其他文献。近年来,一些国家相继采用了早期公开制,发明说明书自申请专利之日起满18个月即公布于众,这又加快了发明内容公开化的进程。

(3)内容可靠。发明说明书等有关文件的撰写大多是由受过专门训练的代理人会同发明人共同完成的,而且还可经过专利局的严格审查。

(4)内容详细,格式规范化。各国专利说明书基本上都是按照国际统一的格式印刷出版,著录项目都有统一的识别代码,国家名称也有统一的代号,即便不懂原文也能识别该说明书的一些特征,给查找专利文献提供了方便。

(5)重复性。造成专利文献大量重复的原因有二:一是同一项发明用各种语言向多个国家申请专利的现象屡见不鲜;二是不少国家专利局在受理和审批专利申请的过程中,对发明说明书要先后公布几次。这一特性虽有助于评价发明的重要性、弥补馆藏的不足,但也给收藏和管理增加了负担。

世界知识产权组织的研究结果表明,全世界最新的发明创造信息,90%以上首先都是通过专利文献反映出来的。专利文献是技术情报、法律情报和经济情报的重要来源。通过专利,我们可以了解最新科研动态,研究课题开发现状、技术水平和法律状态,少走弯路,极大缩短科研工作进度,避免无谓的损失。专利可说是各国科技及产经发展的重要信息,这类信息通常是由负责专利申请业务的机构保存及提供,如我国国家知识产权局、美国专利商标局(USPTO:US Patent and Trademark Office)等。

根据相关协定,国家图书馆不收藏专利文献。

9.1 馆藏电子专利全文数据库

9.1.1 中文专利全文数据库

(1)中国专利全文数据库

资源介绍:包含发明专利、实用新型专利、外观设计专利3个子库,截至2010年10月,共计收录专利450多万条。可以通过申请号、申请日、公开号、公开日、专利名称、申请人、发明人、优先权等检索项进行检索,并一次性下载专利说明书全文。每条专利的知网节集成了与该专利相关的最新文献、科技成果、标准等信息,可以完整地展现该专利产生的背景、最新发展动态、相关领域的发展趋势,可以浏览发明人与发明机构更多的论述以及在各种出版物上发表的文献。

收录年限:1985—

访问方式:

(2)专利技术类数据库(万方)

资源介绍:收录从 1985 年至今受理的全部专利数据信息,包含专利公开(公告)日、公开(公告)号、主分类号、分类号、申请(专利)号、申请日、优先权等数据项。

收录年限:1985—

访问方式:

(3)M-Trends 个人化专利检索及分析管理平台

资源介绍:该平台具有强大的专利数据库检索系统及专业性的专利分析工具,可检索 USPTO Issued、USPTO Appl.、TW-TWPAT、SIPO、EPO、WIPO PCT、JPO-PAJ、KIPO-KPA 等专利数据库,并提供八大专利地图分析功能,27 项分析构面,根据专利分析资料自动化生成专利分析报告(Word 文档),满足整合性、作业性的项目管理需求。

访问方式:

9.1.2 外文专利全文数据库

(1)Food Science & Technology Abstracts (FSTA)食品科技文摘

资源介绍:收集的文献超过 60 万份,内容包括了来自于期刊、图书、会议记录、报告、论文、专利、标准及立法等方面。

收录年限:1969—

访问方式:

9.2 网络上的专利文献资源

9.2.1 国内网站

随着互联网的发展,各个国家的专利局和国际专利组织均开辟网站,免费提供该国或该组织的专利文献检索与下载服务。可以这样说,互联网上的免费专利文献,是一个巨大的宝藏,而我们的目的,是从这个巨大的宝藏中,找到属于自己的珍宝。

(1)中华人民共和国国家知识产权局(SIPO)(http://www.sipo.gov.cn/)

该网站可以对1985年以来已经公开的中国专利文献进行检索、下载。检索入口提供了专利号、名称、摘要、申请日、申请人等16个检索项,并可选择发明、实用新型、外观设计还是全部专利进行检索,非常方便。

(2)中国专利信息网(http://www.patent.com.cn/)

中国专利信息网中的中国专利数据库收录了 1985 年中国专利法实施以来公开的全部发明、实用新型和外观设计专利的题录和文摘，还提供论文相应发明和实用新型专利的全文扫描图形。该数据库每 3 个月更新一次。

(3)中国知识产权网(http://www.cnipr.com/)

中国知识产权网是知识产权综合性服务网站，该网站的中国专利数据库收录了 1985 年 9 月 10 日至今的全部发明公开专利、实用新型

专利、外观设计专利和发明授权专利。

9.2.2 国外网站

(1)世界知识产权组织(WIPO)(http://www.wipo.int/)

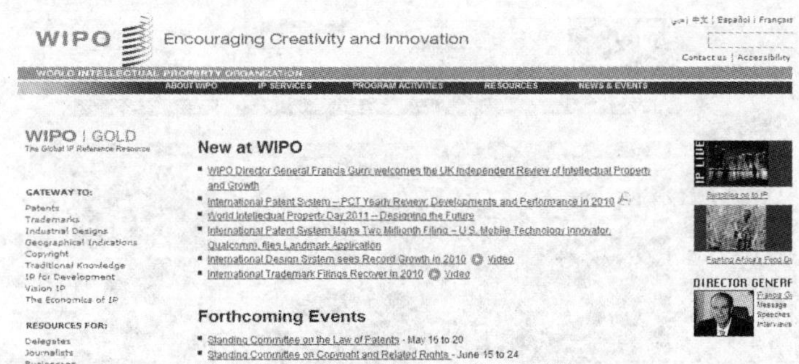

该网站可以检索 PCT 专利申请文献,收录了 1997 年 1 月 1 日以来 PCT 公布的专利申请原始资料,包括了题录、文摘和扫描的图像,文献数据更新比较快,PCT 专利申请公开后 2—3 天以后便可免费查询到全文。

(2)美国专利商标局(USPTO)(http://www.uspto.gov/)

美国是当今经济与科技最发达的国家之一,因此,也是重要的专利文献检索目标国。专利数据库中包括了美国 1790 年 7 月 31 日以

来的所有授权专利。其中,1790 年至 1976 年的专利只有图像格式,1976 年 1 月以后的授权专利可以进行全文检索,还可以查询 2001 年 3 月 15 日以后公开的专利申请文件。

(3)欧洲专利局(EPO)(http://www.european-patent-office.org/)

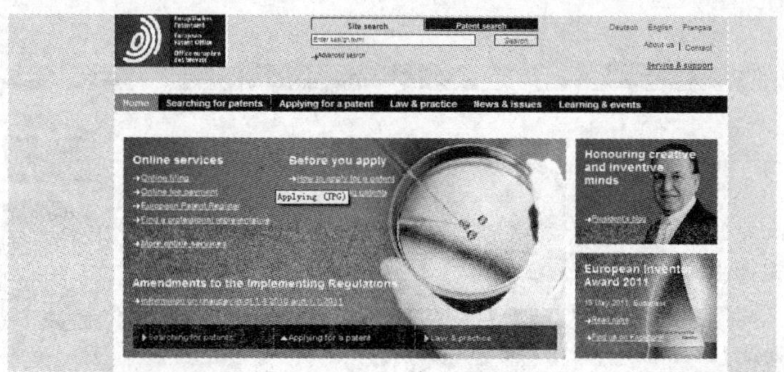

欧洲专利文献数据库除了能检索阅读欧洲专利,还可检索美国、日本、PCT 等 50 多个国家和专利组织的专利文献,并能免费获取 20 多个国家的专利文献。该专利文献数据库是科技人员最常用的数据库。该专利数据库的最大特点可以查询同族专利(同一个专利在不同国家申请的专利),这样,可以很方便地找到非英文专利的英文文本,便于克服语言障碍。

(4)日本特许厅(JPO)(http://www.jpo.go.jp/)

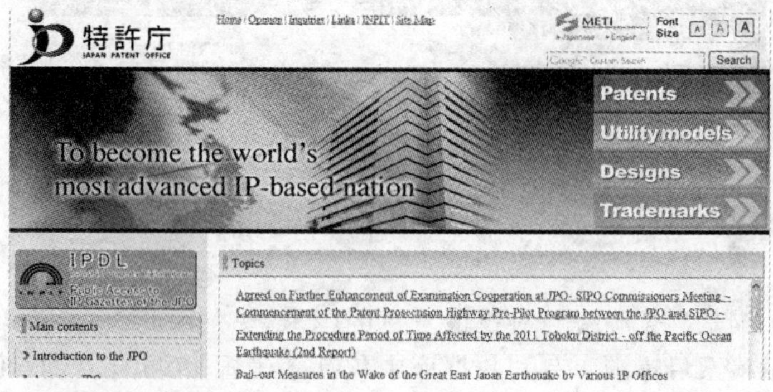

日本是专利大国,对日本专利的研究非常重要。日本特许厅提供了日本专利的英文检索入口,方便了不懂日文的人员进行检索。当然,如果精通日文,使用日文进行检索是最好的选择。

日本的专利号使用了日本年号纪元,昭和年 + 25 = 公元年,平成年 + 88 = 公元年。英文入口提供了 1976 年以来的日本公开特许(也就是发明申请公开)英文文摘数据库,并自 1993 年 1 月开始包括了法律状态信息。

9.3 搜索引擎检索

9.3.1 百度专利(http://zhuanli.baidu.com/)

新闻 网页 贴吧 知道 MP3 图片 **专利**

百度一下 帮助 加入收藏

○发明名称 ◉全文

百度专利搜索,简单、方便地查询中国各领域的专利信息。建议与反馈

©2011 Baidu 使用百度前必读

百度专利搜索是百度与中国专利信息中心合作推出的针对中国专利数据的专业搜索,提供权威、全面、丰富的专利信息,能简单、方便地查询专利相关资料。

9.3.2 Google Patents(http://www.google.com/patents)

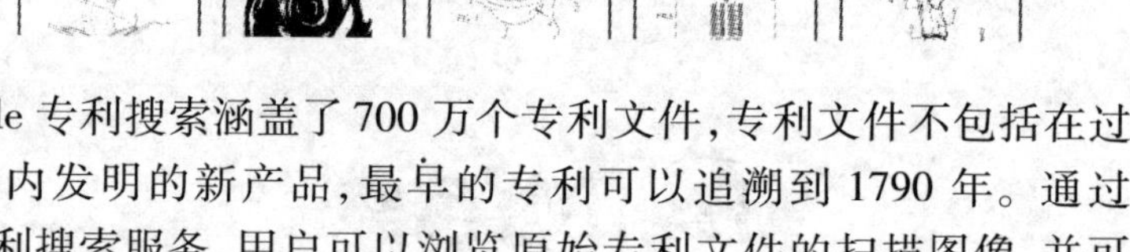

Google 专利搜索涵盖了 700 万个专利文件,专利文件不包括在过去几个月内发明的新产品,最早的专利可以追溯到 1790 年。通过 Google 专利搜索服务,用户可以浏览原始专利文件的扫描图像,并可以进行放大。目前仅限搜索美国专利。

10 如何搜集标准

标准狭义指按规定程序制订，经公认权威机构（主管机关）批准的一整套在特定范围（领域）内必须执行的规格、规则、技术要求等规范性文献。广义指与标准化工作有关的一切文献，包括标准形成过程中的各种档案、宣传推广标准的手册及其他出版物、揭示报道标准文献信息的目录、索引等。

在公元前1500年的古埃及纸草文献中即有关于医药处方计量方法的标准，是现存最早的标准。现代标准文献产生于20世纪初。1901年英国成立了第一个全国性标准化机构，同年世界上第一批国家标准问世。此后，美、法、德、日等国相继建立全国性标准化机构，出版各自的标准。中国于1957年成立国家标准局，次年颁布第一批国家标准（GB）。20世纪80年代，已有100多个国家和地区成立了全国性标准化组织，其中90多个国家和地区制订有国家标准，国家标准中影响较大的有美国（ANSI）、英国（BS）、日本（JIS）、法国（NF）、苏联（ГОСТ）、联邦德国（DIN）等。国际标准化机构中最重要、影响最大的是1947年成立的国际标准化组织（ISO）和1906年成立的国际电工委员会（IEC），它们制定或批准的标准具有广泛的国际影响。随着标准化事业的迅猛发展，标准文献激增。据国际标准化组织统计，截至1980年，世界上共有各类标准1000多种，75万件，连同标准化方面的会议文件、技术报告等共达120余万件。ISO情报中心收藏标准文献60多万件（1981）。中国标准化综合研究所标准馆是中国标准文献中心，收藏有国际标准1万件以及56个国家的国家标准、专业标准、标准目录等标准文献33万件（1982）。

标准按性质可划分为技术标准和管理标准。技术标准按内容又可分为基础标准、产品标准、方法标准、安全和环境保护标准等。管理标准按内容分为技术管理标准、生产组织标准、经济管理标准、行政管理标准、管理业务标准、工作标准等。

标准按适用范围可划分为国际标准、区域性标准、国家标准、专业（部）标准和企业标准，按成熟程度可划分为法定标准、推荐标准、试行标准和标准草案等。

标准一般有如下特点：

(1)每个国家对于标准的制订和审批程序都有专门的规定，并有固定的代号，标准格式整齐划一。

(2)它是从事生产、设计、管理、产品检验、商品流通、科学研究的共同依据，一定条件下具有某种法律效力，有一定的约束力。

(3)时效性强，它只以某时间阶段的科技发展水平为基础，具有一定的陈旧性。随着经济发展和科学技术水平的提高，标准不断地进行修订、补充、替代或废止。

(4)一个标准一般只解决一个问题，文字准确简练。

(5)各级别的标准在不同范围内贯彻执行。

(6)具有其自身的检索系统。

一件完整的标准一般应该包括以下各项标识或陈述：

① 标准级别。

② 分类号，通常是《国际十进分类法》(UDC)类号和各国自编的标准文献分类法的类号。

③ 标准号，一般由标准代号、序号、年代号组成。如 DIN - 11911 - 79，其中 DIN 为联邦德国标准代号，11911 为序号，79 为年代号；GB1 - 73，其中 GB 是中国国家标准代号，1 为序码，73 为年代号。

④ 标准名称。

⑤ 标准提出单位。

⑥ 审批单位。

⑦ 批准年月。

⑧ 实施日期。

⑨ 具体内容项目。

标准是一种技术规范,使各种产品能达到一定的质量,标准也可说是各国科技及产生经济发展的重要信息。

根据相关协定,国家图书馆不全面收藏标准文献。

10.1 印刷型标准的查找

10.1.1 国家图书馆标准目录的查找

通过联机公共查询目录(OPAC)可以查询到馆藏的全部正式出版的中文国家标准及标准汇编。常用检索项有:分类、主题词、标准号。

10.1.2 国内图书馆标准目录的查找

可直接登陆各个图书馆的 OPAC,查询标准信息。

10.1.3 全球图书馆标准目录的查找

WorldCat 让您同时在世界万所图书馆中搜索标准,然后在就近的图书馆中找到这些标准。

10.2 馆藏电子标准全文数据库

10.2.1 中文标准全文数据库

(1)国家标准全文数据库

资源介绍:《国家标准全文数据库》收录了由中国标准出版社出版的,国家标准化管理委员会发布的所有国家标准,占国家标准总量的90%以上。标准的内容来源于中国标准出版社,相关的文献、专利、成果等信息来源于 CNKI 各大数据库。可以通过标准号、中文标准名称、起草单位、起草人、采用标准号、发布日期、中国标准分类号、国际标准分类号等检索项进行检索。

收录年限:1950—

访问方式:

(2)中国行业标准全文数据库

资源介绍:收录了现行、废止、被代替以及即将实施的行业标准,全部标准均获得权利人的合法授权。可以通过标准号、中文标准名称、起草单位、起草人、出版单位、发布日期、中国标准分类号、国际标准分类号等检索项进行检索。

收录年限:1950—

访问方式:

(3)中国标准在线服务网

资源介绍:该数据库是由国家标准化管理委员会主管、中国标准出版社主办、北京标科网络技术有限公司运营的先进网络信息服务平台。该系统于2004年开始由中国标准出版社建设,于2005年10月14日正式开通。截至2007年12月,该系统共收录标准两万余项,包括中国国家标准、部分行业标准等。

访问方式:

10.2.2 外文标准全文数据库

(1)IEEE/IEE Electronic Library(IEL)

资源介绍:IEEE Xplore/IEL 收录 IEEE 美国电气电子工程师学会(Institute of Electrical and Electronic Engineers)及 IET 英国工程技术学会(Institution of Engineering and Technology)出版内容,包括1988年到现在所有的期刊、会议录和标准。当中13个学会的内容都回溯到了1950年,大部分的会议录甚至回溯到了1913年。主要内容有:(1)IEEE 期刊、会刊与杂志149种;(2)IET 期刊23种;(3)IEEE 会议录900多种;(4)IET 会议录和研讨会摘要40多种;(5)IEEE 标准3100多种 IEEE 标准文献,包括现行、历史及作废的所有标准。

收录年限:1950—

访问方式:

(2) Food Science & Technology Abstracts (FSTA) 食品科技文摘

资源介绍：收集的文献超过 60 万份，内容包括了来自于期刊、图书、会议记录、报告、论文、专利、标准及立法等方面。

收录年限：1969—

访问方式：

10.3 网络上的标准资源

10.3.1 国内网站

(1) 中国标准化研究院网站(http://www.cnis.gov.cn/)

中国标准化研究院是国家重点支持、面向全国的国家级标准文献服务中心，是国家科技图书文献中心标准分站点，是全国最大的标准收藏中心，其标准文献收藏量为全国之最。经过近半个世纪的充实和发展，建立了规模浩大、门类齐全的标准文献资源中心。藏有 60 多个国家、70 多个国际和区域性标准化组织、450 多个专业协(学)会的成套标准以及全部中国国家标准和行业标准，收集了 160 多种国内外标准化期刊和 7000 多册标准化专著。

通过完整或部分标准号进行检索，也可以通过标准的中文名称或英文名称中的任意题内关键词进行检索。如果不了解要查的标准号或关键词，也可以通过直接点击“国际标准分类”和“中国标准分类”进行查询。

（2）国家标准化管理委员会网站（http://www.sac.gov.cn/）

该网站可检索国家标准目录，获得标准的题录信息，并了解标准化动态、国家标准制订计划、国标修改通知等信息。可以免费下载或阅览中国国家强制性标准的 PDF 全文。

（3）中国标准服务网（http://www.cssn.net.cn/index.html）

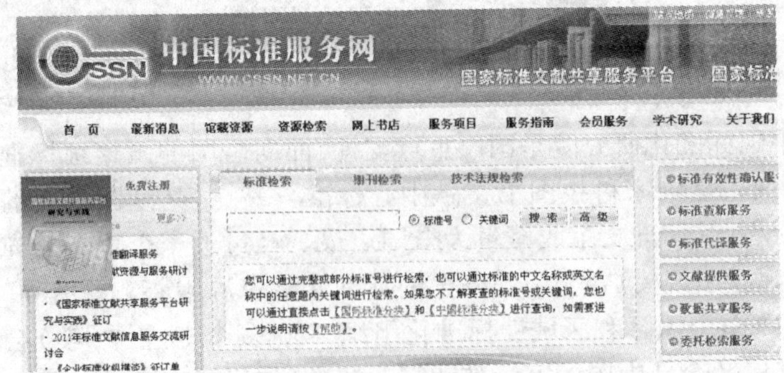

该网站向社会开放服务，提供标准动态信息采集、编辑、发布，标准文献检索，标准文献全文传递和在线服务等功能。免费注册用户可以检索标准目录，但阅读标准全文需要付费。

（4）标准网（http://www.standardcn.com/）

标准网是由国家发展和改革委员会产业协调司主管，机械科学研究总院中机生产力促进中心维护的我国工业行业的标准化门户网站。检索 ISO、IEC、主要国家标准、欧洲标准、中国行业标准等，提供标准动态信息和标准公告信息。

10.3.2 国外网站

（1）国际标准化组织（ISO）（http://www.iso.org/iso/home.htm/）

该网站可检索ISO的所有已颁布标准,并提供在线订购全文的服务。

(2)世界标准服务网(WSSN)(http://www.wssn.net/WSSN/index.html/)

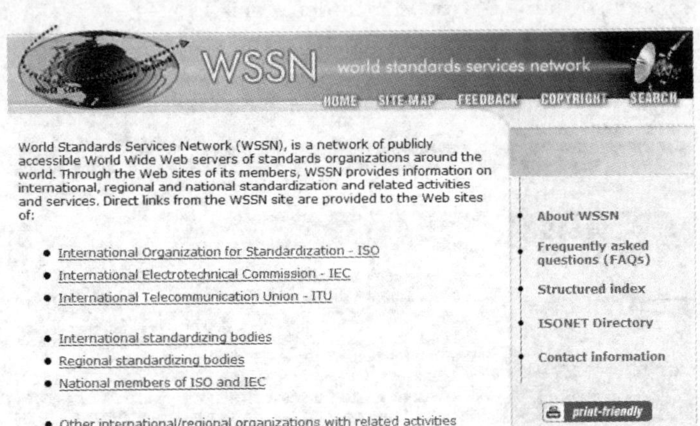

全世界标准化组织的公共服务门户网。现有182个成员机构、国际标准化机构、区域标准化组织的网站链接,中国标准化服务网为其中国站点。

(3)NSSN(全球标准化资料库)(http://www.nssn.org/)

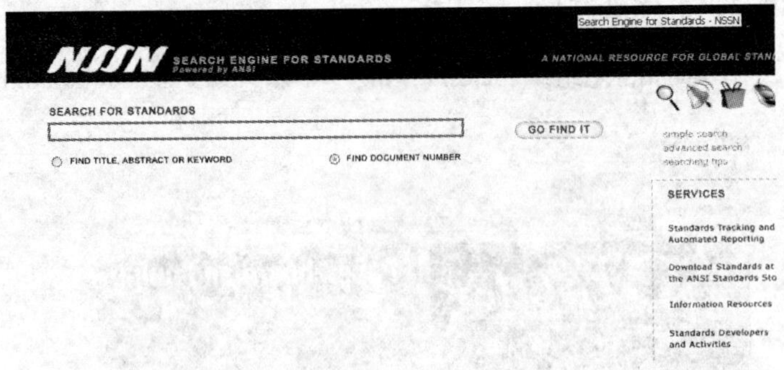

该网站可以在线免费查询全球 600 多家标准组织与专业协会制订的 225000 多条标准的目录,提供获取全文的途径,如联系电话或标准化组织的网站。

(4)美国国家标准化组织(ANSI)(http://webstore.ansi.org/)

该网站可检索的 ANSI、ISO 和 IEC 标准数据库,可在线订购全文。

(5)日本工业标准(JIS)(http://www.jisc.go.jp/)

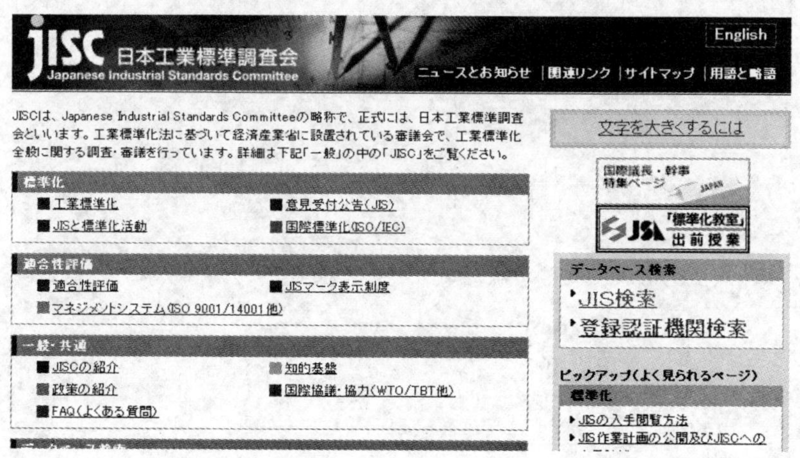

JIS 是日本国家级标准中最重要、最权威的标准。根据日本工业标准化法的规定,JIS 标准对象除对药品、农药、化学肥料、蚕丝、食品以及其他农林产品制定有专门的标准或技术规格外,还涉及各个工业领域。其内容包括:产品标准(产品形状、尺寸、质量、性能等)、方法标准(试验、分析、检测与测量方法和操作标准等)、基础标准(术语、符号、单位、优先数等)。专业包括建筑、机械、电气、冶金、运输、化工、采矿、纺织、造纸、医疗设备、陶瓷及日用品、信息技术等。

11 如何搜集统计资料

统计资料是统计调查活动的成果，通过统计活动得到的反映社会、经济、科学技术发展情况的统计信息的总称。它包括原始调查资料和经过整理分析的综合统计资料，包括以统计表形式提供的数据资料和以统计报告形式提供的文字、数字和图表资料，包括由统计机构和统计人员直接进行调查所取得的统计资料和由财务会计机构、业务管理机构及其有关人员根据统计调查制度的要求整理提供的统计资料，包括以书面或文件形式提供、传输或保存的统计资料和以电讯、磁介质提供传输或保存的统计资料。

统计资料是国家的宝贵财富，《中华人民共和国统计法》规定："属于国家机密的统计资料，必须保密。属于私人、家庭的单项调查材料，非经本人同意不得泄露。"①

世界各国，还有联合国等国际组织每年都大量出版各种统计资料和数据表册，为此，有些国家还专门成立了有关的委员会、中心或出版机构等。统计资料、数据表册作为一种浓缩的特殊信息资源，正在受到人们越来越多的重视。

统计资料依其资料内容，大致可分为综合统计、普查统计、专业统计等 3 种。统计资料对从事人文社会科学研究，尤其是工商产业研究而言，是相当重要的参考资料，但资料的取得也让搜集者最感困扰。印刷式参考工具书最大的优势在于收录统计资料时间的完整性，尤其是查找时间范围较广或年代较久远的统计资料，往往是无法从电子数据库或网络资源取得。

① 知识来源. 统计大辞典【M】. 北京：中国统计出版社. 1995：2

11.1 印刷型统计资料的查找

11.1.1 国家图书馆统计资料目录的查找

通过联机公共查询目录(OPAC)可以查询到图书馆馆藏的全部正式出版的中外文各种统计资料。常用检索项有:统计资料名、年鉴名、ISBN、出版商。“统计资料名称”可用全称、名称关键词进行检索。其中关于古代、近代的统计资料,其主要内容包括土地、田赋、户口、赋税、钱币、漕运等方面,要查找这些内容,可参考以下资料:

(1)政书:如《通典》、《通志》、《文献通考》等。

(2)类书:类书中有关类目汇集了不少统计资料。如《古今图书集成》、《太平御览》等。

(3)地方志:地方志是一种以某一地区为中心,汇集该地区地理、政治、经济、文化等资料的图书。其中的赋役、户口、田赋等资料尤为珍贵。

(4)其他史料:还可以利用实录、文集、笔记等作为补充。

11.1.2 国内图书馆统计资料目录的查找

可直接登陆各个图书馆的 OPAC,查询统计资料。

11.1.3 WorldCat 图书馆联合目录的查找

WorldCat 可使用户同时在世界万所图书馆中搜索统计资料,然后在就近的图书馆中找到这些统计资料。

11.2 馆藏电子统计资料全文数据库

11.2.1 中文统计资料全文数据库

(1)中经网统计数据库

资源介绍:该库目前有数百万个序列的经济数据,包括“中国经济统计数据库”和“世界经济数据库”两大系列,以时间序列和图表的方式为用户提供经济数据和服务。“中国经济统计数据库”目前包括宏观月度库、综合年度库、行业月度库、海关月度库和城市年度库5个子库,共有5万余个指标,全面反映我国经济和社会发展情况。最早回溯至1949年。世界经济统计数据库包括OECD月度库和OECD年度库,回溯至1960年。

收录年限:1949—

访问方式:

(2)国务院发展研究中心信息网

资源介绍:国研网是国务院发展研究中心主管、主办的大型经济类专业网站,由全文数据库、统计数据库、分析报告数据库、专题数据库四大数据库集群组成。包括国研视点、宏观经济、金融中国、金融数据、宏观数据等内容,并通过持续跟踪、分析国内外宏观经济、金融和重点行业基本运行态势、发展趋势,准确解读相关政策趋势和影响,及时研究各领域热点/重点问题,为用户提供研究和战略决策需要的高端信息产品。

访问方式:

(3)皮书数据库

资源介绍:该库保存整理了中国社科院近20年间数千名研究人员的年度报告类科研成果,内容涉及100余个行业、区域和领域,包括6个子数据库。截至2009年底,收录651本皮书,2.4万余篇专项研究报告。

访问方式:

(4)中经专网

资源介绍:该数据库涵盖了动态、数据、分析、法规、企业、招商、价格、供求、技术等不同信息内容,围绕宏观经济、行业经济、地区经济、世界经济的热点问题组织深度分析报告。每日更新。

访问方式:

(5)国家统计数据库

资源介绍:该库是一个面向社会各界提供全面、权威、及时统计数据的基础信息库。数据库包括全国和地区改革开放以来经济社会等方面的主要统计数据及2000年以来世界主要国家和地区经济社会等方面的主要统计数据。数据库分为年度数据和进度数据两部分,其中,年度数据为经济社会发展状况主要统计指标的年度数据资料,进度数据分为季度和月度的主要宏观经济统计指标的数据资料。

访问方式:

11.2.2 统计资料全文数据库

(1)Country Report 国家报告

资源介绍:《国家报告》针对全球近200个国家或区域进行分析。它可以帮助读者及时掌握全球市场的主要事件,并研判这些事件在中短期内将会产生的影响。每本《国家报告》都会针对某个国家或地区的主要事件进行全面深入的分析,包括政治情况、经济政策、本地经济、产业动态、外贸等。

收录年限:1975—

访问方式:

(2)美国国会文献集(USCSS):1789—1838美国国会文献集地图

资源介绍:该库是《美国历史文档》系列数据库(Archive of Americana)的子数据库之一。它包括15000卷,超过36万种出版物的2000万页内容,并有52000张地图,以及许多插图与统计图表,其中包括13000张彩色地图。范围涵盖了1789—1994年间美国国会文献的全部内容,包括美国参、众两院的报告、文件、期刊,行政部门的年度报告与文件,以及American State Papers等。

收录年限:1789—

访问方式:

(3)IMF E-Library(国际货币基金组织电子图书馆)

资源介绍:IMF E-Library(国际货币基金组织电子图书馆)内容包

括:International Financial Statistics、Balance of Payments、Direction of Trade、Finance Statistics 4 个关于全球经济的重要统计数据库,英、法、西、俄、中文等多个语种的区域经济展望(Regional Economic Outlook)、世界经济展望(World Economic Outlook)、执行委员会年度报告、全球金融稳定报告(Global Financial Stability Reports)等系列年度报告,以及 2008 年以来 IMF 出版的大部分图书的全文下载。

访问方式:

(4)ISI Emerging Market Information Service(EMIS)ISI 全球新兴市场信息服务

资源介绍:EMIS 数据库提供基于互联网传送的 80 多个新兴国家和地区的 18000 余种商业信息资源和市场动态。内容包括:纯文本格式的实时新闻,所有上市公司和部分非上市公司的分析报告和可供比较的财务报表,行业深度分析报告和统计数据,金融证券市场分析,宏观经济统计数据及法律法规等。

收录年限:1994—

访问方式:

(5)OECD 经济合作发展组织数据库

资源介绍:OECD 经济合作发展组织数据库内容涉及 OECD 加盟国与主要非加盟国经济最新动向的综合性统计资料。主要有 OECD 加盟国在对外贸易方面的统计数据、农业政策相关统计数据、OECD 加盟国的国民经济核算,同时还详细收录来自 OECD 地区和流向 OECD 地区的直接投资统计资料等方面。此外还有国际能源组织的 7 个数据库。

收录年限:1960—

访问方式:

(6)World Bank E-Library(世界银行电子图书馆)

资源介绍:World Bank E-Library(世界银行电子图书馆)内容包括:1970 年至今,由世界银行出版的大部分图书,《世界银行研究观察家》(World Bank Research Observer)、《世界银行经济评论》(World

Bank Economic Review)、《Development Outreach》3 种期刊和《Policy Research Working Paper》工作论文的全文下载，以及 World Development Indicators(世界发展指标)、Global Development Finance(全球金融发展)、Africa Development Indicators(非洲发展指标)、Global Economic Monitor(全球经济监控)4 个重要在线统计数据库使用授权。

访问方式:

11.3 网络上的统计资料资源

11.3.1 国内网站

(1)中华人民共和国国家统计局(http://www.stats.gov.cn/)

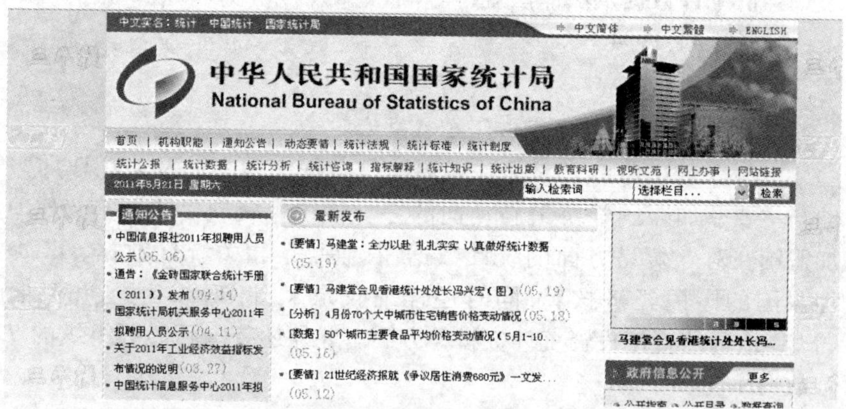

中华人民共和国国家统计局网站包括国家统计局发布的统计公报、数据、分析、出版、法规、管理、直报等信息。

(2)中国统计信息网(http://www.tjcn.org/)

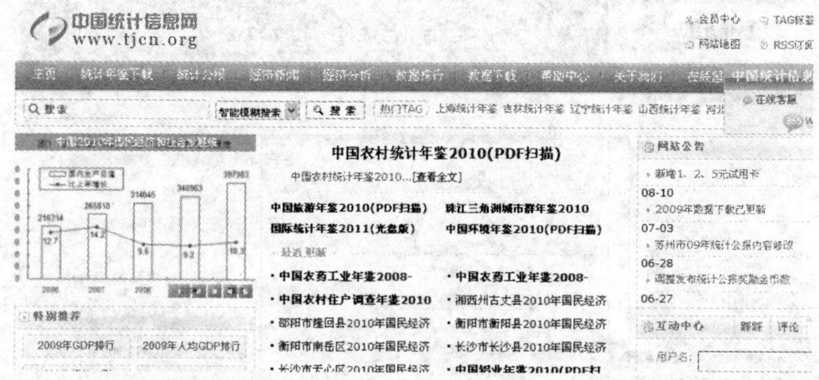

中国统计信息网是以提供各地区各行业国民经济和社会发展统计信息为主的资料平台,主要包括统计年鉴、统计公报、统计数据等资料。

(3)中国科技统计(http://www.sts.org.cn/)

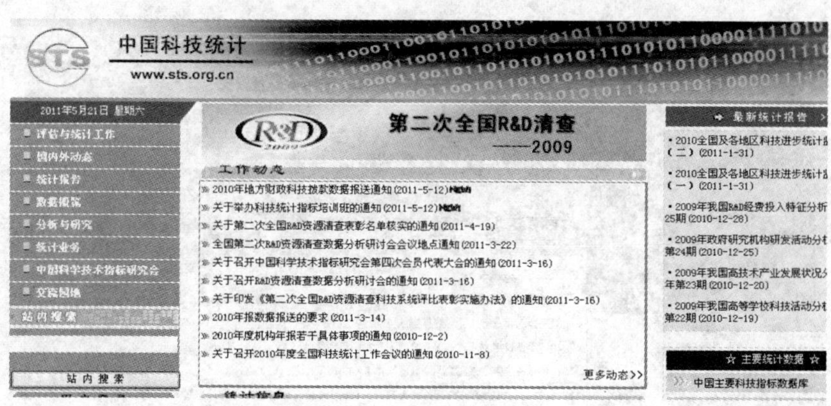

中国科技统计网是一个反映科技新的动态,提供丰富的科技统计信息的专业网站。

(4)中国网中国统计数据(http://www.china.com.cn/chcompany/index. htm/)

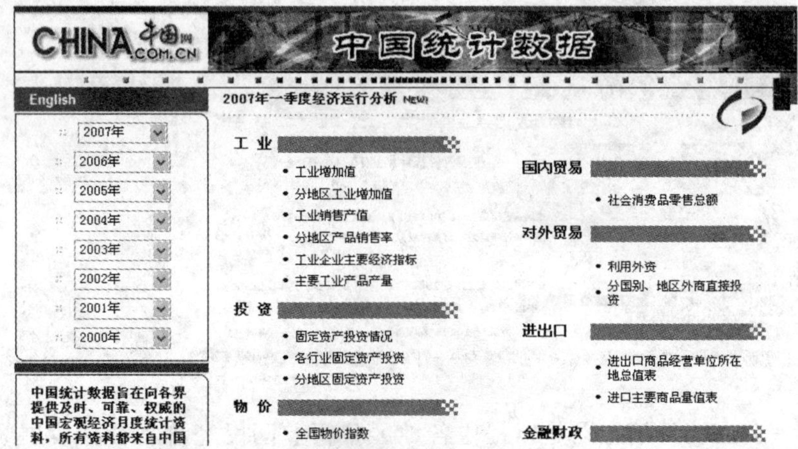

中国统计数据旨在向各界提供及时、可靠、权威的中国宏观经济月度统计资料,所有资料都来自中国国家统计局。

(5)中国教育统计网(http://www.stats.edu.cn/)

中国教育统计网是中国最权威的统计教育网站,网站提供统计公

报、统计动态、统计标准、下载中心等板块，并提供高等学校实验室信息统计、基础教育技术装备统计和全国教育基建统计系统的软件更新。

(6)海关统计资讯网(http://www.chinacustomsstat.com/aspx/1/Index.aspx/)

海关统计资讯网发布海关统计快讯、海关主要统计数据、统计月报(部分历史数据)、统计年报(仅提供摘要与购买方式)。

11.3.2 国外网站

(1)联合国统计司(http://unstats.un.org/unsd/default.htm/)

该网站数据来源于30个国际专业统计数据信息源，如联合国统计司、人口司、联合国经济与社会问题研究部、粮农组织、国际劳工局、

国际货币基金组织、国际电信联盟、经合组织、教科文组织、世界卫生组织、世界知识产权组织、世界银行和世界旅游组织等。可以按统计系列(series)字母顺序、数据来源(sources)或主题(topic)查询统计数据。该数据库包含300多个统计系列,8百余万条统计数据。大部分数据系列的年代自1970或1980年起。

(2)经济合作与发展组织(OECD)(http://stats.oecd.org/Index.aspx/)

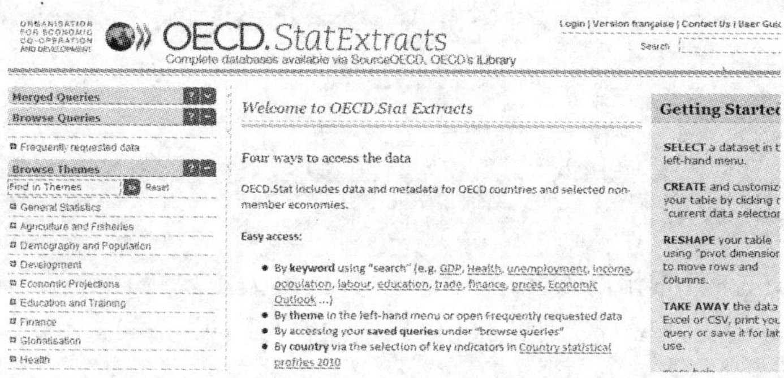

该网站数据包括经合组织国家和选定的非成员经济体。如国内生产总值、卫生、失业、收入、人口、劳动、教育、贸易、金融、价格、经济展望等。

(3)美国联邦统计(http://www.fedstats.gov/)

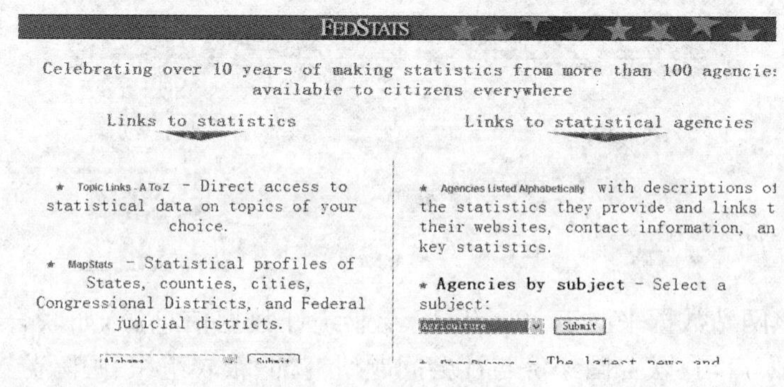

该网站为公众提供对各联邦机关进行的统计数据和信息的便利访问。在该站点上可以直接检索美国联邦政府的70个联邦机构的特定统计数据。可直接输入检索式检索，也可以按主题浏览。

(4)美国人口普查局(http://www.census.gov/)

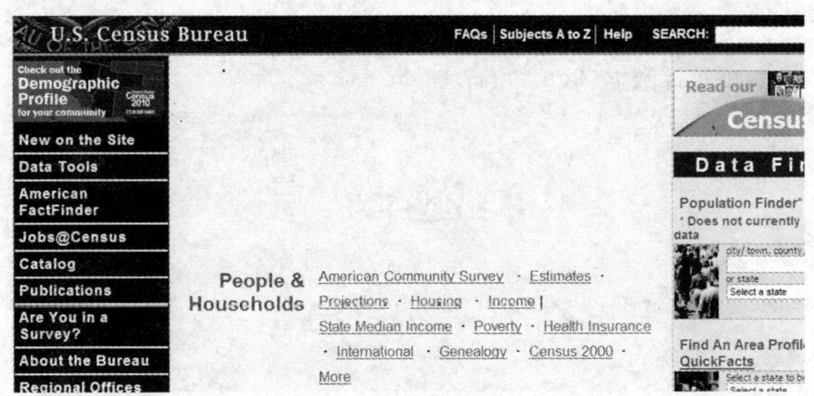

该网站提供有关美国的国家和地区人口以及经济的所有方面的数据，包括人口数目、经济指标、美国商业统计、工业报告等。

(5)欧盟统计局(http://epp.eurostat.ec.europa.eu/portal/page/portal/eurostat/home/)

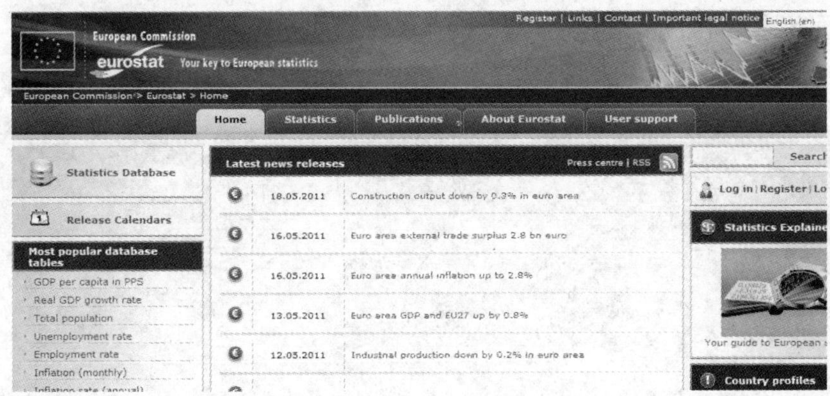

该网站提供欧盟国家相关的统计数据,如:各国经济指标、欧元、欧盟各项资料库等,部分资料需付费使用。

11.4 搜索引擎检索

百度统计数据(http://tjsj.baidu.com/)

百度统计数据搜索是对各种统计年鉴、报表等统计数据进行汇总,并提供给用户搜索和应用的平台,目前有由搜数公司为百度提供的自建国以来至近些年的所有公开的政府统计年鉴和报表数据数十万条。这个平台将为用户提供统计数据搜索和数据研究的便利。

12 如何搜集事实资料

事实检索,是指在检索工具或检索系统中查询有关事实，或寻求对某一问题的解答，如名词术语、事件、人物信息、地名信息、机构信息、产品信息等,指以具体事实资料为检索对象的查找过程。它要求提供准确的、事实性的回答,一般可通过多种工具书予以解答,但资料的取得也让搜集者最感困扰,尤其是查找时间范围较广或年代较久远的事实资料,往往是无法从电子数据库或网络资源取得。

12.1 印刷型事实资料的查找

12.1.1 国家图书馆事实资料目录的查找

通过联机公共查询目录(OPAC)可以查询到图书馆馆藏的全部正式出版的中外文各种查询事实资料的工具书。

(1)历史事件名词的查找

检索一般历史事件名词通常可利用综合性辞典和历史专科辞典，历史专科辞典是收录历史名词的专门辞典，收录的历史事件名词范围比综合性辞典详尽完备。如:《中国历史大辞典》，上海辞书出版社版;《中国近代史词典》，上海辞书版社 1982 年版;《中国现代史词典》，中国际广播出版社 1987 年版;《世界历史词典》，上海辞书出版社 1981 年版。

(2)历史大事的查找

查找某一历史事件发生在哪一年，或哪一年发生了哪些重要的事情，除查阅历史专科辞典外，比较便捷的方法还是利用史事年表。史事年表又称为纪事年表、大事年表和大事记。如《中外历史年表》，中华书局 2008 年版;专题性年表如《中国近代教育大事记》,上海教育出版社 1981 年版。[①]

(3)人物资料的查找

利用工具书了解生平简历,查找历史人物的工具书很多。

a. 利用综合性的人物辞典查找,如《中国人名大辞典》,商务印书馆 2003 年版;《中国近现代人名大辞典》,中国国际广播出版社 1989 年版;《外国人名辞典》,上海辞书出版社 1988 年版。

b. 利用各种专科人物辞典查找,如《中国文学家辞典》,四川文艺出版社 1992 年版;中国将帅名录,解放军出版社 2007 年版;《 科学家大辞典》,上海辞书出版社 2000 年版。

c. 利用一些人物传记资料查找。人物传记资料虽然不属于工具书,但是对于查找人物资料实际上起到工具书的作用。如《中国古代名人传》,内蒙古人民出版社 2007 年版。

d. 利用地方志查找。中国的地方志,特别重视人物事迹的搜集与编纂,正史和其他传记资料中找不到的历史人物,往往可以从方志中查到。

e. 利用地方志人物资料索引查找。如《宋元方志传记索引》,上海古籍出版社 1986 年版;《北京天津地方志人物传记索引》,北京大学出版社 1985 年版。

f. 利用年谱查找。年谱也是了解古代人物传记资料的一个重要组成部分,它有人物的系统材料。如《近三百年人物年谱知见录》,中华书局 2010 年版。

(4)法律法规的查找

a. 古代典章制度的查找。古代的法律法规称之为典章制度,主要利用《辞源》、《辞海》、《通典》、《文献通考》、《会要》等工具书进行检索。

b. 查找辛亥革命后,新中国成立前的法规条约。主要使用旧中国

---

① 潘玉民. 档案工作者常用工具书——第九讲 怎样检索历史事件和时事资料[J]. 档案,1988(3):46 -48

编辑的法规汇编。如《中华民国法规大全》、《中华民国法规汇编》、《外交法规汇编》、《中外旧约章汇编》、《国际条约集》等。

c. 查找解放后的法规条约。主要利用《中央人民政府法令汇编》、《中华人民共和国法规汇编》、《中华人民共和国法律全书》、《中华人民共和国条约集》等进行检索。①

(5)地理资料的查找

在日常工作和科学研究中,搜集某一地区大量有关的地理资料是很不容易的事。

所谓地理资料主要有:

a. 地名资料。一般包括地名来源、意义,地理演变、地理位置、地理环境等资料,还包括行政区划的变迁,以及该地政治、经济、文化等简况资料。

b. 某一地区人类活动和地理活动有关的系统资料。主要包括人口、民族政治情况,经济资源物产、矿藏、能源、工农业,水陆交通,文化发展等历史和现状资料。

c. 其他地理资料。包括水文、地震、气象、土壤地形、海拔等。

查找地理资料可利用以下工具书:

a. 综合性工具书。有综合性辞典、大百科全书、年鉴、类书、政书、方志等。

b. 专科性工具书。有地名词典、地名手册、地名录、行政区划手册、地名手册、地理志等。

c. 图册类工具书。有综合性地图集、历史地图册、土壤图册、气候资料图册、卫星遥测地理图册、航测地图册、矿产资料图册、交通图册、旅游图等。

(6)机构、企业概况的查找

机构资料主要包括:国内外的政府机构、各种学术性协会、科学院、研究所(中心)、文化艺术机构、教育机构、体育机构等。通过查找,

---

① 怎样利用参考工具书.(2011－05－15).http://lib.gsau.edu.cn/other/ckzx/ckgjs.htm

了解其组织状况、前景,并了解其地址、邮编、电话、电报号码,以便联系、交流、联合、协作。

企业概况主要包括:工商企业、旅游和各种服务性企业及单位。通过查阅,了解其经济规模、产销特点、现状及发展概况、法人代表、地址、电话、邮编,以便促进交流、发展联合、密切协作,尤其在市场经济大潮中,各企业竞争激烈,随着经济和社会的发展,企业间合并与关闭也时有发生,机构名称、地址有时发生变动,因此,要注意使用新版本。查找机构、企业等概况,可用《企事业名录》、《国际社会科学机构》、《中国科学研究与科技开发名录》、《中国科研单位名录》、《全国高等学校总览》、《全国信息机构名录》、《世界大公司名录》、《世界工商企业指南》、《世界跨国公司便览》等。

12.1.2 国内图书馆事实资料目录的查找

可直接登陆各个图书馆的 OPAC,查询事实资料的工具书。

12.1.3 全球图书馆事实资料的查找

WorldCat 可方便用户同时在世界万所图书馆中搜索事实资料的工具书,然后在就近的图书馆中找到这些事实资料的工具书。

12.2 馆藏电子事实资料全文数据库

11.2.1 中文事实资料全文数据库

(1)中国科技经济新闻数据库

资源介绍:该库收录了自 1992 年以来的 420 多种中国重要报纸和12000多种期刊,包括科研、工业 A、工业 B、工业 C、农业、医药、商业、经济、教育 9 个专辑。

收录年限:1992—

访问方式:

(2) 中国科技信息数据库（万方）

资源介绍:包括科技成果、专利技术、中外标准、科技文献、论文统计数据库、机构类数据库、台湾地区信息数据等子数据库。

收录年限:1985—

访问方式:

(3) 中国企业与产品数据库（万方）

资源介绍:国内 96 个行业的近 20 万家企业的详尽信息。

收录年限:1998—

访问方式:

(4) 中国/世界进口商名录数据库

资源介绍:中国进口商名录数据库收录了有实际进口行为的中国进口企业信息,内容包括企业名称、地址、联系方式、网址、进口国家/地区、进口商品等信息;世界进口商名录数据库内容包括 200 个国家及地区的 55 万家进口商的基本数据。

访问方式:

(5) 中经专网

资源介绍:该数据库涵盖了动态、数据、分析、法规、企业、招商、价格、供求、技术等不同信息内容,围绕宏观经济、行业经济、地区经济、世界经济的热点问题组织深度分析报告。每日更新。

访问方式:

(6) 中国产业经济信息网

资源介绍:集纳 50 多家中央级行业媒体的新闻信息精华,适时跟踪行业动态,涵盖了财经、交通、建筑、IT、机电、汽车、资源、冶金、化工、轻工、纺织、医药、环保、旅游、食品、农林、文化产业等 17 个行业的各个层面。

收录年限:2000—

访问方式:

(7) 北大法律信息网

资源介绍:收录了1949年至今所有现行有效法律、最高人民法院和最高人民检察院颁布的司法解释和案例、中外双边条约等,以及大量合同范本和法律文书。

收录年限:1949—

访问方式:

(8)北大法意数据库

资源介绍:该数据库设有法院案例、法律法规、合同咨询、法律文本等20个栏目。

收录年限:1949—

访问方式:

(9)台湾史知识库

资源介绍:台湾远古时代、原住民、荷西、明郑、清朝、日治、战后等时期的历史,包含台湾大事记、人物志、历史事件、地名沿革、古文书、古地图、历史文库、大挑战八大主题,约25万字,1800张图片与100段影片。各系列按年代浏览,可进行全文检索。

访问方式:

(10)中国共产党思想理论资源数据库

资源介绍:该库以马克思主义中国化的历史进程为线索,对人民出版社出版的约36亿字的一整套马克思主义思想理论图书资源进行数字化深加工,包含经典语义查询、经典之声、视频导读、理论学习自测等,免费向社会提供公益性传播。

访问方式:

(11)台湾百年写真GIS数据库

资源介绍:整合1895—1945年间共25000幅照片及文献,日文资料的部分也进行中文编译以便对照,透过建置GIS查询与全文检索功能,利用坐标、图片说明、地点影像相互串联查寻,提供今昔地貌与景观对照,囊括人文、社会、自然等相关信息。

收录年限:1895—1945

访问方式:

(12)民国法律数字化资源库

资源介绍:民国时期曾先后出现过多个性质迥异、对峙并存的政权,他们在存在其间制定颁布了大量法律、法规和其他规范性文件,该资源库包括民国法律文献 8112 篇,总计29087页,并将不断更新。

访问方式:

(13)海外中国学导航

资源介绍:包括英、日、俄、法、西、中等不同文种、不同国家的 300 多个中国学网站的介绍。

访问方式:

(14)中国学汉学家

资源介绍:主要是对国外中国学家及其文献的介绍,涵盖了美、法、英、德等不同时期与国家的中国学家,包括汉学家 150 人。

访问方式:

(15)康帕斯全球企业数据库

资源介绍:收录了 60 多个国家和地区各行业主要的 230 万个公司信息。每家公司信息包括:联系方式、企业负责人和采购人员名单、业务范围、销售和雇员人数统计。本数据库为国家图书馆内部使用数据库,到馆读者如需使用,请与参考咨询部企业服务中心联系。

访问方式:

11.2.2 外文事实资料全文数据库

(1)Beck online 法学数据库

资源介绍:本数据库主要的收录内容包含 C. H. Beck 出版社所出版的期刊、注释书、法典、法律书状范本等,同时也有收录法院裁判的部分。包括 540 种法律书、123 种期刊、127 366个判例、5980 个左右的准则、100 个左右的行政指导、18 个文书范本,可查文件总数达 550 万。

收录年限:1970—

访问方式:

(2)Biography and Genealogy Master Index 传记与系谱索引数据库(Gale)

资源介绍:该索引数据库包括了近 500 万个被传人的 1700 万条传记信息,包含被传人的姓名、生卒时间以及人物肖像等,并且提供 2000 多个出版机构的信息。

收录年限:1970—

访问方式:

(3)Business and Company Resource Center(GALE)

资源介绍:可检索来自于 2800 多份商业全文期刊和 100 多份报纸的 45 万家公司及 8000 个行业协会的详细信息。

收录年限:1998—

访问方式:

(4)Documents on British Policy Overseas(英国海外政策文件)

资源介绍:数据库包含了五万多份英国政府关于国际关系的政府文件,包含外国政策指导、信件和备忘录、商业报告等。这些原始资料来自于 Foreign and Commonwealth Office(FCO)。

收录年限:1898—

访问方式:

(5)Declassified Documents Reference System (DDRS)(解密档案参考系统)

资源介绍:解密档案参考系统是一个研究二战后美国内政及国际关系的重要资源,涵盖了 10 万多份文档,超过 59.5 万多页的资料。本系统能够令读者非常轻松的就可检索出美国政府机关各个部门的广泛资料。

收录年限:1975—

访问方式:

(6) Digital National Security Archive(解密后的数字化美国国家安全档案)

资源介绍:Digital National Security Archive(DNSA)数据库提供来源于美国国家保密档案馆(National Security Archive)的原始文件的访问。DNSA 收录了大量珍贵的从 1945 年开始的美国对其他国家外交、军事政策的第一手资料,它是目前该领域内收录信息最全面的数据库。数据库收录了 8 万多份最重要的解密文件,总页数达 60 多万页。

收录年限:1945—

访问方式:

(7) 美国国会文献集(USCSS)美国国会文献集 American State Papers(美国国家文件):1789—1838 美国国会文献集地图

资源介绍:该库是《美国历史文档》系列数据库(Archive of Americana)的子数据库之一。它包括15000卷,超过 36 万种出版物的 2000 万页内容,并有52000张地图,以及许多插图与统计图表,其中包括13000张彩色地图。范围涵盖了 1789—1994 年间美国国会文献的全部内容,包括美国参、众两院的报告、文件、期刊,行政部门的年度报告与文件,以及 American State Papers 等。

收录年限:1789—

访问方式:

(8) 世界历史文化原始资料数据库集成

资源介绍:该库内容包括:18 世纪期刊,帝国在线,麦克米伦内阁文件,尼克松年代,美洲、亚洲与太平洋,中世纪游记,游记、景观与世界历史等与中国、亚洲相关的内容,还包括以下珍贵历史资料档案:大众观察在线,弗吉尼亚公司档案,文学手稿,性别释义 1450—1910,美国日常生活与妇女 1800—1920,早期不列颠与北美妇女作品,英国国家档案馆馆藏妇女资料,奴隶制废除与社会平等 1490—2007,维多利亚大众文化,美国西部,印度、殖民统治与帝国等。这些专题共计收录了 1250—2007 年间的图像资料 130 多万幅 225 万页。

收录年限:1250—2007

访问方式：

(9) Factiva 数据库

资源介绍：提供来自 159 个国家的、以 22 种语言出版的重要商业信息。整合了 Dow Jones Interactive 和 Reuters Business Briefing 两大资源库的一万多种出版物。包括 2300 余种报纸、4200 余种期刊和杂志、640 多区域性的和行业性的新闻专线、35000多经过编辑的全球的公司报告。自 2010 年 1 月 1 日起，该数据库改用 IP 控制访问。

访问方式：

(10) Gale Biography in Context 人物传记资源中心

资源介绍：该库包含全球 52.5 万人物的 60 多万份传记，内容有被传人的生平资料、得奖情况、从事的职业或从事的研究等信息，并且包括来自 290 多份学术期刊的全文文章。

访问方式：

(11) Gale World History In Context 世界历史资源中心

资源介绍：Gale World History In Context 将 Gale 独家拥有的珍贵历史信息进行整合。此数据库包含以下信息：

①取自 Gale 独家拥有的 Primary Source Microfilm 的 1760 多份一次文献。

②Gale 独家拥有的权威参考书内容。

③来自 330 多种学术期刊的全文文章。

④4500 多份经耶鲁大学的权威专家精心挑选的历史地图、地图集及插图。

⑤3600 多个历史时代和历史事件概述，22170多个主题和 208 个国家概要。

访问方式：

(12) HeinOnline 法律数据库

资源介绍：HeinOnline 法律数据库是美国著名的法律全文数据库。涵盖全球最具权威性的近 1300 种法律研究期刊，同时包含 675 卷国际法领域权威巨著，100000 多个案例，1000 多部精品法学学术专著和美国联邦政府报告全文等。该数据库所收录的期刊是从创刊开始，因此是许多学术期刊回溯查询的重要资源，曾获得国际法律图书馆协会(IALL)、美国法律图书馆协会(AALL)等颁发的奖项。

访问方式：

(13) Westlaw International

资源介绍：来自英国、美国、欧盟、澳大利亚、中国香港、加拿大的法规条例及案例，包括1000种以上的法学期刊和法律评论，还有纽约时报、金融时报、美联社及其他新闻频道的信息。

访问方式：

12.3 网络上的事实资料资源

12.3.1 国内网站

(1)汉典(http://www.zdic.net/)

汉典是一个免费站点，所有内容来自龙维基，龙维基本着平等、协作、分享、自由的互联网精神，提倡网络面前人人平等，为所有人提供共同协作编写的在线汉语辞典。

（2）中国百科全书网（www. ecph. com. cn）

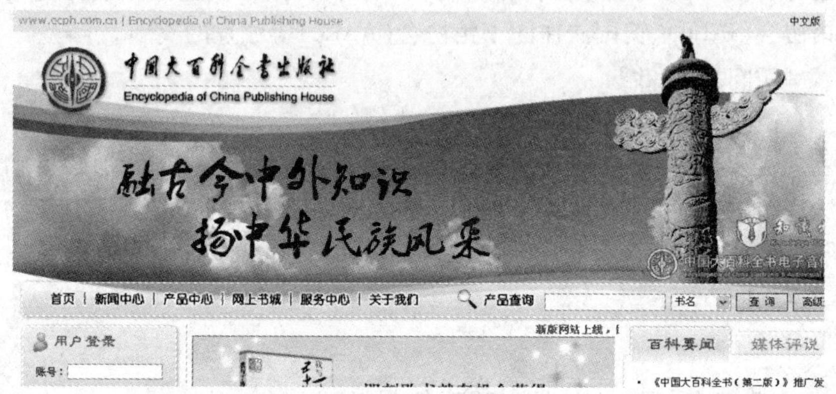

该网站提供最权威的百科全书、工具书等各类品牌图书，如中国大百科全书、不列颠百科全书、汉语大词典、汉语大字典、书法字海、传世藏书等。

（3）历史网（http://www. lishizg. cn/）

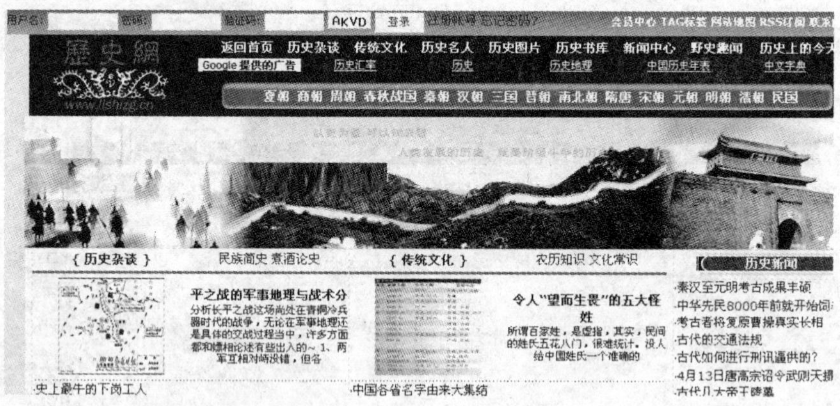

历史网是关于中国历史、中国古代历史、中国的历史和传统文化的主题网站，包括历史知识、历史图片的公益性质的网站，传承中国浩瀚五千年文明历史的中国资料博物馆。

(4)中国历史人物网(http://www.zglsrw.org/)

中国历史人物网

http://www.zglsrw.org

五帝著名人物	夏朝著名人物	商朝著名人物	西周著名人物	东周著名人物	秦国著名人物	西汉著名人物	东汉著名人
三国(魏国)	三国(蜀汉)	三国(吴国)	西晋著名人物	东晋著名人物	南朝(宋国)	南朝(齐国)	南朝(梁国
南朝(陈国)	北朝(北魏)	北朝(东魏)	北朝(北齐)	北朝(西魏)	北朝(北周)	隋朝著名人物	唐朝著名人
五代(后梁)	五代(后唐)	五代(后晋)	五代(后汉)	五代(后周)	宋朝著名人物	辽代著名人物	金代著名人
元朝著名人物	明朝著名人物	清朝著名人物	历代后妃	历代宗室	历代公主	历代外戚	历代循吏
历代酷吏	历代佞幸	历代奸臣	历代逆臣	历代宦官	历代忠义	历代孝义	历代隐逸
历代儒林	历代方伎	历代文苑	历代律历	历代礼仪	历代音乐	历代刑法	历代选举
历代职官	历代兵志	历代食货	历代舆服	历代疆域	历代河渠	历代艺术	历史综合文
历代纪元	历代史官	历史事件	教育范本	名篇欣赏	读史随感	古都风貌	历代人物名

中国历史人物网提供清朝之前历代人物介绍,点击所需栏目后浏览相关内容。

(5)中国政府网—法律法规(http://www.gov.cn/)

中国政府网内容由中央和地方各级政府、政府网站以及相关单位提供,包括法律、行政法规、司法解释、地方性法规、部门规章、地方政府规章、单行条例、自治条例和国际条约。

(6)中国地名文化网(http://58.30.249.178/Liaison.htm)

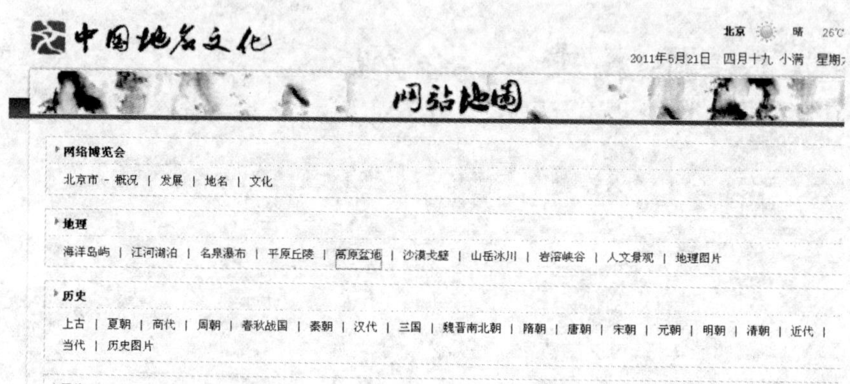

中国地名文化网提供行政区划、地理、历史、民族、宗教、民俗、文物、医药、服饰、体育、饮食等的方面资料。

(7)企业名录网(http://www.aliqidian.cn/)

企业名录网提供企事业单位的信息,可以按地区查找。

12.3.2 国外网站

(1) Ansers. com(http://www. answers. com/)

Answers. com 是一个对查询请求提供直接答案的搜索服务。该网站整合了很多普通字典、专业词典、百科全书、Wikipedia、年鉴等各种参考来源，它能对查询要求给出一个含有相关信息的精致页面，而无需再点击进入任何其他的网站。

(2)大不列颠百科全书(http://www. britannica. com/)

大不列颠百科全书，又称大英百科全书，被认为是当今世界上最知名也是最权威的百科全书。

(3) Historyworld(http://www. historyworld. net/)

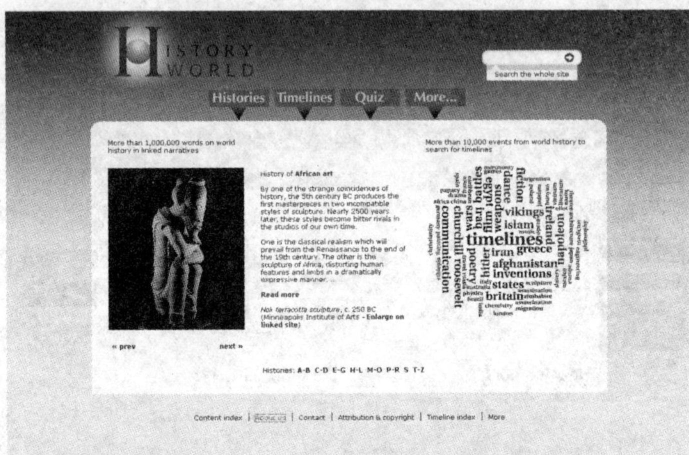

该网站能查询到世界各国的历史,以及一万多个历史事件的相关资料。同时,按照时间轴,能查询到某个时间点世界各地同时发生的历史事件。

(4) In the first Person 人物传记索引(http://www. inthefirstperson. com/firp/index. aspx)

该网站免费提供全球人物的信件、日记、回忆录、自传、口述历史叙事性记录文件，有超过700000份资料，约20500月份的日记、63000封信，以及17000个口述历史故事，且还有4300份影音材料和30000个目录记录

（5）美国国会图书馆托马斯法律图书馆（http://thomas.gov/）

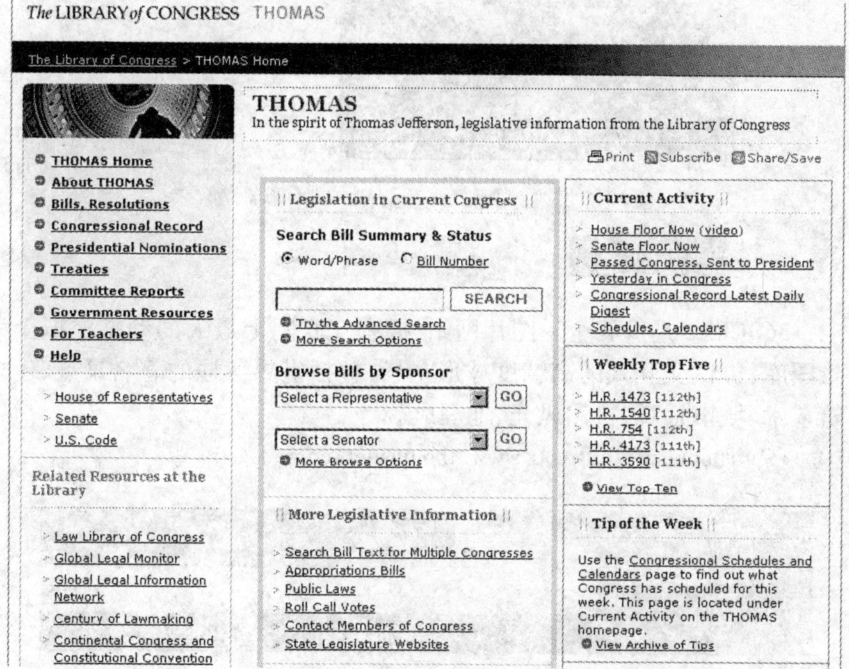

美国国会图书馆托马斯法律图书馆可以查询到美国国会通过的法律、法规、法案等。

(6)360Cities(http://www.360cities.net/)

360Cities 是世界全景图片网站,拥有互联网上最大的动态虚拟全景图库,提供交互式的高精度球形全景,包括世界各地的著名景点、建筑艺术、城市景观、自然风光、地理风貌等。

(7)Thomasnet(http://www.thomasnet.com/)

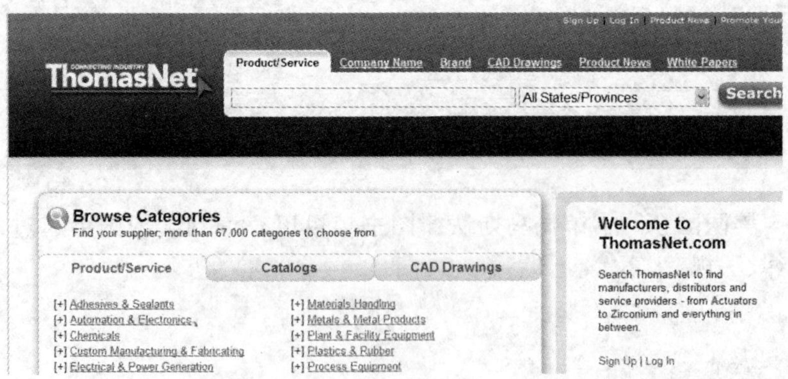

Thomasnet 是一部历史悠久的产品名录,介绍供应商、产品或 CAD 图纸。

13　如何搜集图片资料

图片资料包括图、画和照片等,习惯上统称为“图片”。图片以其独立的平面艺术载体、瞬间的形象记录、庞大的数量、广博的社会生活内容和不失历史真实以及一定文物价值等特点区别于其他资料,占有着重要的地位。

图片的搜集要先通过相关文献资料,利用很多线索,最终找到所需图片。尤其是查找时间范围较广或年代较久远的图片,往往是无法从电子数据库资源取得。

13.1　印刷型图片资料的查找

13.1.1　国家图书馆图片资料目录的查找

通过联机公共查询目录(OPAC)可以查询到图书馆馆藏的全部正式出版的中外文相关的图书期刊,再从中找到所需图片。

(1)人物图片的查找

a. 古代人物

• 利用综合性辞典、索引查找

综合性辞典、百科全书,如《辞海》、《中国大百科全书》等在介绍历史人物时,一般都附有人物图像。其他如《中国历代人物画像索引》,江苏教育出版社,1994 年版。

• 利用历史图谱和人物图录查找

历史图谱,如《中国历史参考图谱》(上海出版公司 1961 年版)、《简明中国历史图册》(天津人民美术出版社,1979 年版)等,较系统地收集了历代人物图像和照片,对查找人物图像颇有参考价值。人物图录如《中国历代人物像传》,齐鲁书社, 2002 年版。

• 利用地方志查找,地方志中也收有大量人物图像资料。

• 利用类书查找

明朝人王圻撰《三才图会》汇辑天文、地理、人物、时令、宫室、器用、身体、衣服、人事、仪制、珍宝、文史、鸟兽、草木等图像,并加文字说明,可供查明以前的人物。《永乐大典》等大型类书中"传"的部分也往往有人物图像。

• 利用家谱、年谱和文集查找

家谱、年谱中一般都附有人物图像,立谱人一般都是谱主的晚辈或亲友,因此所附图像都比较精致、真实。

b. 近、现代人物

• 利用人物辞典、图鉴查找

近代人物辞典、图鉴有《民国名人全纪录》(华文出版社,2010 年版)、《中国近现代名人图鉴》(湖南人民出版社, 2002 年版)。

• 利用画报、新闻图片查找

解放前的人物可在《良友画报》、《北洋画报》等中查找,解放后的可以在《人民画报》、《解放军画报》等和各地方画报中查找。

• 利用人物纪念画册查找

著名人物逝世后一般都编有纪念画册,系统汇集该人物的照片资料。纪念画册中的照片除标准照外,还有从事各种活动的照片,也有生活照,这些都是很珍贵的资料。

• 利用回忆录查找

回忆录从撰写者角度大体可分为两种,一种是作者本人亲笔撰写的,一是别人写的回忆文字。回忆录中一般都附有人物的一些照片,这些照片来源可靠,反映真实,其他书中不易查到。

• 利用文集、相关书刊查找

现代文集一般都附有作者照片,是查找文学家和政治人物图像资料的重要来源。相关书刊如《光辉历程:纪念中国共产党成立八十周年图集》(新华出版社, 2001 年版)就有大量的党史人物照片。

(2)器物、服饰图片的查找

①利用综合性辞典查找

综合性辞典、百科全书,如《辞海》、《中国大百科全书》等在介绍到器物、服饰时,一般都附有图像。

②利用文物图谱、历史图谱查找

随着考古工作的进展,对古代器物、服饰的研究有了很大的进展,有关古代器物和服饰的图集相继问世,这给我们查找工作提供了很大方便。如《中国古青铜器选》(文物出版社,1976 年版)。

③利用类书查找

《古今图书集成》等类书中均有丰富的古代器物、服饰的资料。

④利用专业书刊查找

《文物》、《考古》和《故宫博物院院刊》等专业期刊,往往能够提供最新发现的古器物、文物资料,是一个不可忽视的文献来源。专业书籍也很有参考价值,如《中国历代服饰》(学林出版社 1984 年版)。

(3)建筑图片的查找

①利用历史图谱查找

《中国历史参考图谱》,上海教育出版社,1981 年版,收录有我国历史上重要的文化遗址和建筑图片。

②利用地方志查找

一些地方志往往附有当地名胜古迹图。

③利用画集查找

古代画集中的某些写生画,对于了解古代建筑具有一定参考价值。

④利用专业书刊查找

建筑图录和一些建筑学书刊,大都附有建筑图片,如专业书籍《中国古代建筑史》中国建筑工业出版社,2009 年版。

(4)书画的查找

①利用百科全书查找

百科全书在介绍到书画时,一般都附有图像。如《中国大百科全书》、《中国艺术百科全书》、《中国美术百科全书》等。

②利用图录查找

主要有《中国古代美术丛书》、《中国美术分类全集》、《中国美术全集》、《我国绘画资料》、《中国近百代绘画展览选集》、《中国历代绘画》、《中国古代雕塑集》、《伟大艺术传统图录》、《中国美术史图录丛书》等。

③利用书画名人的画册查找

如《齐白石画册》、《徐悲鸿绘画鉴赏》、《傅抱石画集》等。

④利用专业书刊查找

如《中国的绘画》、《中国美术史纲》、《故宫周刊》、《故宫博物院院刊》(季刊)、《故宫月刊》、《文物精华》、《中国画》(季刊)、《美术》、《文物》等。[①]

13.1.2 国内图书馆图片资料目录的查找

可直接登陆各个图书馆的 OPAC,查询到相关的图书期刊,再从中找到所需图片。

13.1.3 WorldCat 图书馆联合目录的查找

WorldCat 可使用户同时在世界万所图书馆中查询到相关的图书期刊,再从中找到所需图片。

13.2 馆藏电子图片资料全文数据库

13.2.1 中文图片资料全文数据库

(1)中国艺术博物馆数据库(方正阿帕比)

资源介绍:艺术博物馆收录了全国各地的藏品图片 15 万余件,包

① 潘玉民.档案工作者常用工具书[J].档案,1988(6):40-43

含中国美术馆、中国书法馆、中国出土器精品馆、中国老照片馆等。

访问方式:

(2)台湾史知识库

资源介绍:台湾远古时代、原住民、荷西、明郑、清朝、日治、战后等时期的历史,包含台湾大事记、人物志、历史事件、地名沿革、古文书、古地图、历史文库、大挑战八大主题,约25万字,1800张图片与100段影片。各系列按年代浏览,可进行全文检索。

访问方式:

(3)世界美术资料库(台湾华艺)

资源介绍:世界美术资料库分为4个部分:西洋美术、大陆美术、台湾美术、儿童美术。收录超过800余位艺术大师的6万余幅作品,其中部分图片附有1024像素大图欣赏。

访问方式:

(4)故宫在线数据库(台湾华艺)

资源介绍:故宫在线数据库内容包含绘画(约1600件)、书法(约120件)、陶瓷(约1200件)、玉器(约350件)、铜器(约410件)、佛教文物(约210件)、书画家名录(约500位)、珍玩(文房、牙器、木器、骨器、漆器、缂绣 …)等。该数据库现拥有中文繁体、中文简体、日语、英语4种语言版本。

访问方式:

(5)台湾百年写真GIS数据库

资源介绍:整合1895—1945年间共25000幅照片及文献,日文资料的部分也进行中文编译以便对照,透过建置GIS查询与全文检索功能,利用坐标、图片说明、地点影像相互串联查寻,提供今昔地貌与景观对照,囊括人文、社会、自然等相关信息。

收录年限:1895—1945

访问方式:

(6)浙江特色资源库

资源介绍:国家图书馆整合浙江图书馆的“特色馆藏”和“浙江记忆”各资源库。包括风景浙江、浙江藏书史、越剧资料库、家谱总目提要、名山古寺、民国期刊和中国名人图像库(上、下)等8个数据库。记录总数约31000多条。

访问方式:

(7)厦门特色资源库

资源介绍:国家图书馆整合厦门图书馆特色馆藏的“厦门记忆”。包括图说厦门、厦门人物、闽南戏曲系列的10个数据库。图说厦门收录了如大小八景、中山公园、市街、闽南特色建筑以及摩崖石刻等有关厦门历史痕迹的照片,内容涉及政治、经济、城市建设、文化教育、民风民俗等方面。厦门人物收录了汉代(公元前88年)以来厦门辖区内各行各业的杰出人物,从学术研究的角度对厦门人物进行全面客观的反映。闽南戏曲收录了歌仔戏、高甲戏、南音等闽南特色的地方戏曲、视频、音频资料,可与厦门图书馆网站上的《视频点播》进行链接。

访问方式:

(8)敦煌遗珍数字化资源库

资源介绍:包括100000多件来自敦煌和丝绸之路上的写本、绘画、纺织品及器物的信息和图片。

访问方式:

(9)馆藏甲骨实物与拓片数字化资源库

资源介绍:被誉为20世纪四大文献发现之一的甲骨文,集文献性、文物性、收藏性于一身,是研究我国商朝晚期不可多得的珍贵史料,该库包括甲骨元数据2964条,影像5932幅;甲骨拓片元数据2975条,影像3177幅,并将不断更新。

访问方式:

(10)馆藏年画数字化资源库

资源介绍:国家图书馆收藏了杨柳青、朱仙镇等地制作的4000余幅年画作品,从中精选出一部分制作了该库,并为每种年画编写了内容说明,重点介绍了该年画的故事梗概、历史背景、制作特色和相关知识。2007 年该库更新元数据 121 条,影像 148 张。

访问方式:

(11)馆藏石刻拓片数字化资源库

资源介绍:以国家图书馆藏有的历代甲骨、青铜器、石刻等类拓片 23 万余件为基础建设的数据库,内容涉及历史、地理、政治、经济、军事、民族、民俗、文学、艺术、科技、建筑等方面,现有元数据 23000 余条,影像 29000 余幅。

访问方式:

13.2.2 外文图片资料全文数据库

(1)Biography and Genealogy Master Index 传记与系谱索引数据库(Gale)

资源介绍:该索引数据库包括了近 500 万个被传人的 1700 万条传记信息,包含被传人的姓名、生卒时间以及人物肖像等,并且提供 2000 多个出版机构的信息。

收录年限:1970—

访问方式:

(2)China:Trade,Politics and Culture——海外收藏的中国近代史珍稀史料文献库

资源介绍:提供中国与西方往来的珍贵史料,收录了 7.2 万幅左右的图片,400 幅以上彩色图片与照片以及互动地图,4 篇论文与大事年代表、书目等。

收录年限:1793—1980

访问方式:

(3)英国外交部档案:中国

资源介绍:该库收录了 1949—1980 年间发生在中国且与英国相关的所有重要事件,并广泛收录了与中国利益相关的文献,美国对中英关系的影响以及与中国领导人相关的资料。全库目前计划收录图片及文字共计 45 万页,部分图片为彩色图片,收录的主要事件与专题

包括(但不仅包括):1950 年代的社会主义改造,中华人民共和国,民族商业与工业,台湾,朝鲜战争;1958 年“大跃进”;1960 年代“文化大革命”,毛泽东与经济复苏,国际赞誉与外交政策,对日、美商业贸易,中国加入联合国,中国与香港,中苏关系等。

收录年限:1949—1980

访问方式:

(4)世界历史文化原始资料数据库集成

资源介绍:该库内容包括:18 世纪期刊,帝国在线,麦克米伦内阁文件,尼克松年代,美洲、亚洲与太平洋,中世纪游记,游记、景观与世界历史等与中国、亚洲相关的内容,以及以下珍贵历史资料档案:大众观察在线,弗吉尼亚公司档案,文学手稿,性别释义 1450—1910,美国日常生活与妇女 1800—1920,早期不列颠与北美妇女作品,英国国家档案馆馆藏妇女资料,奴隶制废除与社会平等 1490—2007,维多利亚大众文化,美国西部,印度、殖民统治与帝国等。这些专题共计收录了 1250—2007 年间的图像资料 130 多万幅 225 万页。

收录年限:1250—2007

访问方式:

13.3 网络上的图片资料资源

13.3.1 国内网站

(1)新华网图片频道(http://www.xinhuanet.com/photo/)

新华网图片频道提供及时、权威、丰富、精彩的图片。

(2)人民网图片频道(http://pic. people. com. cn/)

人民网图片频道则是人民网图片报道的“集散地”,目前有国内、国际、社会、科技、体育、军事、娱乐、人物等栏目。人民网图片频道以图片新闻报道为主,以科教历史、趣味图片为辅,力争为读者创造出一个“读图时代”的新天地。

13.3.2 国外网站

(1)gettyimages(http://www.gettyimages.com/CreativeImages/)

1995 年，Mark Getty 和 Jonathan Klein 创建了 Getty Images，从而把凌乱的图片库行业带入了数字时代。提供行业内最优秀、最广泛使用的图片和影视产品，包括获奖新闻、体育和娱乐内容，同时涵盖珍贵的历史图片以及当代存档图片，总部位于美国西雅图。

（2）Flickr（http://www.flickr.com/）

Flickr 是一个以图片服务为主的网站，提供全面的、一流的、高效的图片服务，包括图片的上传与存放、分类、加标签（Tag）、图片搜索等。

(3) http://www. zooomr. com/

Zooomr 是个免费的网络相册服务，和 Flickr、PicasaWeb 类似，都是可以上传和共享图片的服务。Zooomr 提供了无限的存储空间、无限制流量，也不限制图片的大小和张数。

(4) Fotologue (http://fotologue. jp/)

fotologue 是日本漂亮的照片交流网站，用户通过网站用照片记录生活。网站全部都用 flash 制作，画面比起传统的网站肯定要漂亮、简洁。网站来自于 amana 公司，主要从事专业摄影、照片制作。

(5) SmugMug(http://www.smugmug.com/)

SmugMug 是一个超酷的图片分享网站，提供无限制的照片存储量和完美的客户服务。在 SmugMug 里，可以看到大量的高清晰的照片图片。

13.4 搜索引擎检索

13.4.1 百度图片(http://image.baidu.com/)

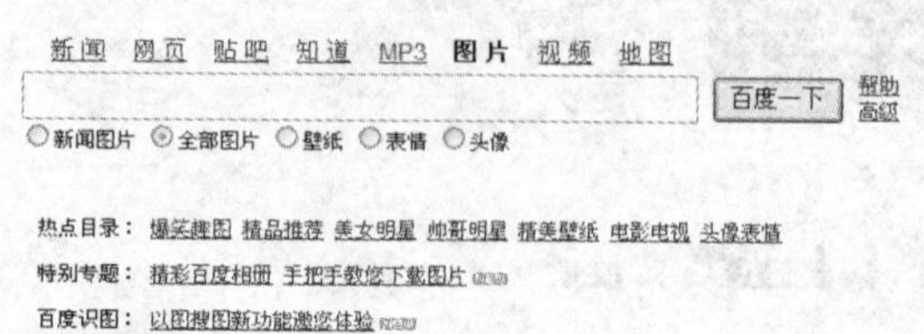

百度图片拥有来自几十亿中文网页的海量图库，收录数亿张图片，并在不断增加中。

13.4.2 Google Images（http://www.google.com.hk/imghp?hl=en&tab=wi）

Web Images Videos Maps Translate Finance Gmail more ▾ Search sett

Google
images

Search Images Advanced Image Sea

New! Finding the right image just got easier with sorting. Learn more.

Advertising Programs About Google

© 2011

Google 图片搜索是 Google 公司开发的一款图片搜索工具。该功能在 2001 年 7 月推出。截至 2010 年，已可搜索 100 亿张图片。该服务每天能达到超过一亿的网页流量。

14 如何搜集多媒体资源

媒体(Media)就是人与人之间实现信息交流的中介,简单地说,就是信息的载体,也称为媒介。一般来说,媒体有5种类型:感觉媒体、表示媒体、显示媒体、存储媒体和传输媒体。其中的感觉媒体是能直接作用于人的感官,使人产生感觉的媒体,它包括人类的语言、音乐、自然界的各种声音(sound)、图形(graphics)、图像(image)、活动图像(live video)、文字(text,亦称文本)等。多媒体(Multimedia)由media和multi两部分组成。一般理解为多种媒体的综合。多媒体技术就是人与计算机之间交互式综合处理多种媒体信息的方法,目的是使多种信息建立一定的关系,集成为一个具有交互性的系统。多媒体技术的实质是把自然界存在的各种媒体数字化,再利用计算机对这些数字化的信息进行处理,以最适合人类的习惯,最容易为人们所接受,因而也是利用率最高的形式提供给用户。

14.1 馆藏多媒体资源的查找

(1)国家图书馆多媒体资源目录的查找

通过联机公共查询目录(OPAC)可以查询到图书馆馆藏的全部正式出版的中文多媒体资源,存放在音像资料库。

(2)国内图书馆图片的查找

可直接登陆各个图书馆的OPAC,查询到相关的多媒体资源。

(3)WorldCat图书馆联合目录的查找

WorldCat让您同时在世界万所图书馆中查询到相关的多媒体资源,然后在就近的图书馆中找到这些多媒体资源。

14.2　馆藏中文多媒体数字资源

(1)库客数字音乐图书馆

资源介绍:收藏世界古典音乐、世界各国的国歌、独具特色的民族风情音乐、爵士音乐、电影音乐等;汇聚了从中世纪到现代 9000 多位艺术家、100 多种乐器的音乐作品,总计 50 万首曲目;有声读物资源包含 1000 余张英语读物资源和中华的唐诗宋词朗诵。英语读物包含诗歌名著、小说、历史传记等;唐诗宋词朗诵邀请国内知名电台主持人进行录制。还可提供 10 万余页的乐谱下载。

访问方式:

(2)多媒体光盘管理系统

资源介绍:收录了我馆收藏的部分请求率高或实用价值较高的多媒体光盘资源,总量约 1200 张,支持光盘的检索和浏览、内容的阅读、与光盘相关资源的集成,并可链接我馆购买的方正电子图书、下载相关工具,阅读光盘时,需要本地安装虚拟光驱软件。

访问方式:

(3)万方视频数据库

资源介绍:该库是以科技、教育、文化为主要内容的视频知识服务系统,收录节目 3241 部,总时长41747分钟;采用视频影像与图文相结合的展现形式,软件平台采用高清视频、开放下载、FLV 流媒体、数字版权认证等技术手段。

访问方式:

(4)新东方多媒体学习库

资源介绍:新东方在线以新东方的师资为基础,运用新东方的培训资源制作精品网络课程——“新东方多媒体学习库”,新东方在线拥有 400 多门精品课程,包含留学考试、学历考试、英语充电、职业教育、多语种等英语类和非英语类课程。

访问方式：

(5)知识视界视频图书馆

资源介绍："知识视界的节目是从国外引进的教育、教学、科普类节目资源，有介绍尖端科学技术的、有阐释科学现象及其原理的，也有描绘美丽的自然风貌的，还有追忆悠远的历史事件的……全部节目英文发音，外挂中英文字幕。

访问方式：

(6)网上报告厅

资源介绍：内容涵盖理工、经管、党政、文史、医学、农林、营销、对话、军事、就业择业、法律视点、体育健身、综合素质、旅游地理、探索发现、教育管理、心理健康、外语考试共 18 个系列，72 个分类，1 万多场视频报告。

访问方式：

(7)文津讲坛在线讲座视频库

资源介绍：是国家图书馆面向社会推出的双休日学术文化系列讲座，内容涉及文学、历史、哲学、艺术、建筑等各领域，视频记录近 400 条，并将不断更新。

访问方式：

(8)音视频数字化资源库

资源介绍：该库包含音频资源515889首、视频资源53305小时，内容涵盖政治、经济、文化、教育以及工业、农业、医学等各个学科领域，用户可到阅览室或通过局域网 VOD 系统点播进行观赏。

访问方式：

(9)VOD 视频点播

资源介绍：视频资料包括中外经典电影、艺术天地、娱乐生活、世界名胜等视频资源，音频资料包括各种中外经典音乐等。可在国家图书馆数字资源共享空间的局域网中点播欣赏。

访问方式：

14.3 网络上的多媒体资源信息

14.3.1 国内网站

(1)时光网(http://www.mtime.com/)

时光网是国内做得比较好的专业电影网,经过数年的努力,建立了专业电影资料库,涵盖了数万部电影信息,及时介绍全球最新的电影和碟讯,每日汇集了几十万影人和影迷。

(2)豆瓣音乐(http://music.douban.com/)

豆瓣音乐提供最新的音乐介绍和音乐评论,通过音乐搜索,记录你想听的、在听和听过的唱片,顺便打分、添加标签及个人附注、写评论。根据用户口味,豆瓣会推荐适合的唱片给你。

14.3.2 国外网站

(1)IMDB(http://www.imdb.com/)

因特网电影数据库(IMDB)创建于1990年,是目前全球互联网中最大的一个电影资料库,里面包括了几乎所有的电影,以及1982年以后的电视剧集。IMDB的资料中包括了影片的众多信息:演员、片长、内容介绍、分级、评论等。

(2)美国流行音乐档案库(http://digital.library.ucla.edu/apam/)

美国流行音乐档案库由加州大学洛杉矶分校音乐图书馆建立，包括了美国自 1790 年到现在超过 45 万的美国流行音乐。这是美国最大的音乐档案库，内容包括乐谱（sheet music），选辑作品（anthologies），乐队和管弦乐队的安排（arrangements for band and orchestra）。另外还包括62500条录音光碟、磁带等。

14.4 网络上的多媒体资源

14.4.1 国内网站

（1）中国网络电视台（英文简称 CNTV）（www. cntv. cn）

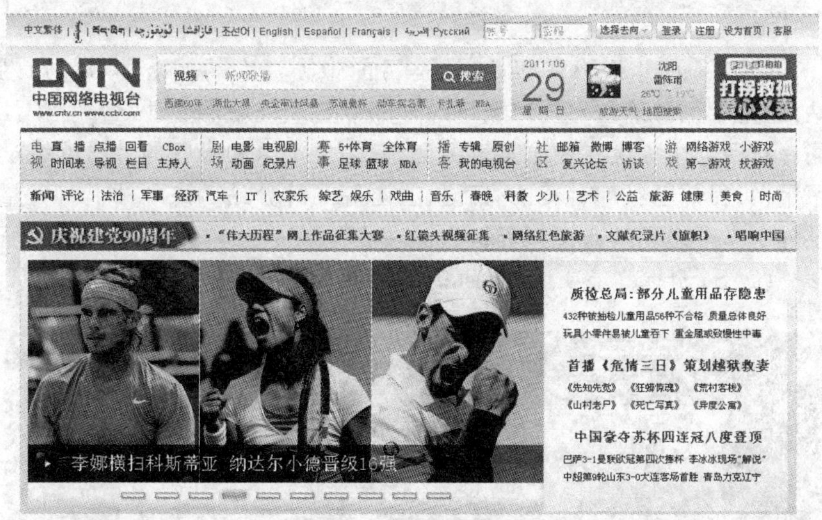

中国网络电视台是中国国家网络电视播出机构，是以视听互动为核心、融网络特色与电视特色于一体的全球化、多语种、多终端的公共服务平台。

(2)沪江网(http://www.yeshj.com/)

沪江网创建于2001年8月,是目前中国最大的外语学习门户网站,也是中国外语学习用户数量最多的专业类互联网企业之一。沪江网一直致力于提供在线语言学习交流、相关资讯和服务的外语网络学习平台,目前已经拥有英语、日语、法语等品牌分站。该网站上有大量供外语学习之用的音视频资料。

(3)Songtaste(www.songtaste.com/)

SongTaste 是一个音乐分享的互联网产品。作为一个典型的 Web 2.0 式的音乐分享网站,用户在这里可以试听歌曲,并互相交流、推荐歌曲。

(4)土豆网(www. tudou. com)

土豆网于 2005 年 4 月 15 日正式上线,是中国的一家大型视频分享网站,用户可以在该网站上传、观看、分享与下载视频短片。

(5)中国开放式教育资源分享协会(www. core. org. cn)

该联合体成立于2003年10月,系非营利机构,是一个以部分中国大学及全国省级广播电视大学为成员的联合体。CORE引进以美国麻省理工学院为代表的国外大学的优秀课件、先进教学技术、教学手段等资源,应用于中国的教学中。同时将中国高校的优秀课件与文化精品推向世界,搭建一个国际教育资源交流与共享的平台。

14.4.2 国外网站

(1)WIMA:Werner Icking Music Archive 乐谱(http://icking-music-archive.org)

Werner Icking Archive email addre

WIMA: Werner Icking Music Archive

WIMA hosting sponsored by Paldam IT
WIMA hosting operations managed by Choralia
WIMA back-up storage provided by The Choral Public Domain Library

The Future of WIMA

The Werner Icking Music Archive contains a miscellany of subject-specific musical material. Click on the **name** of a subdirectory containing scores, sound files, typesetting source files, additional README-files etc., or follow the composer links to enjoy fully all of the Archive's possibilities. The icon will direct you to score images, the icon to short informative texts, the icon to sound files, and the icon leads you to PDF-files. (To view a PDF file you must Download Acrobat Reader).

This is the definitive archive of software related to **MusiXTeX**, a music typesetting system based on TeX. If you do not have this system installed, you should visit the web site Getting Started with TeX to see what is required. To access the MusiXTeX software archive, choose between the software page (with descriptions and links), and file directory, which contains all our linked files.

Google Search WIMA

If you are not looking for a specific composer you can search the Werner Icking archive with Google. Type the instruments, musical forms or other words you want into this field:

Introduction to the sheet music archive, Italiano, Español, Português, Français, po polsku, Magyar, Deutsch, Nederlands, Dansk, Ελληνικά, Sarrerakoa - Euskara, Önsöz - Türkçe Chinese-中文
NEW WIMA Community Forums
Contributing to the archive
Preparing PDF scores
Lists
MusiXTeX and related software
MusiXTeX Mailing list archive and signup
Search the MusiXTeX Mailing List
Other Sheet Music Archives
Finale discussion list archive and signup - searchable archive

这是一个有关音乐资料的网站,有大量与音乐相关的资料。包括乐谱、音乐等资料。

(2) AOL Music(http://music. aol. com/radioguide/bb)

美国在线的音乐电台频道,还提供 XM 高品质的卫星电台服务。

(3) TED(http://www. ted. com/)

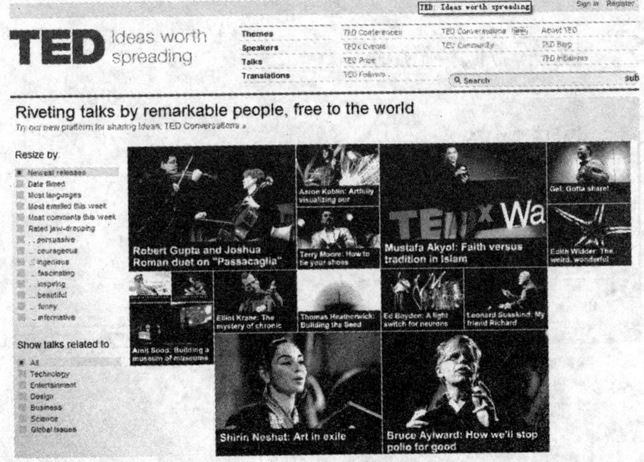

TED(指 technology、entertainment、design 在英语中的缩写,即技术、娱乐、设计)是美国的一家私有非营利机构,该机构以它组织的 TED 大会著称。每年 3 月,TED 大会在美国召集众多科学、设计、文学、音乐等领域的杰出人物,分享他们关于技术、社会、人的思考和探

索。从2006年起,TED官方网站上能陆续看到上传的演讲视频。

(4)ShowTime(www.sho.com/)

ShowTime网站免费提供电影、海外电视剧、动画片、偶像、体育、音乐等视频。

14.5 搜索引擎检索

14.5.1 国内网站

(1)百度MP3

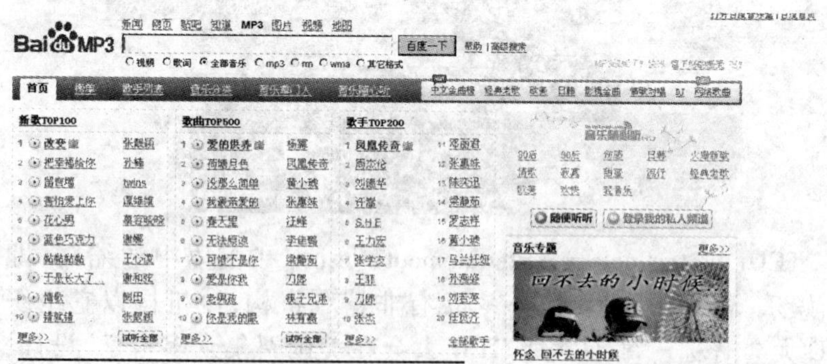

百度 MP3 是一个搜索引擎，主要提供用户搜索歌曲，是全球最大的中文 MP3 搜索引擎。在百度 MP3，您可以便捷地找到最新、最热的歌曲，更有丰富、权威的音乐排行榜，指引华语音乐的流行方向。

(2) 百度视频(http://video.baidu.com/)

百度视频是百度汇集互联网众多在线视频播放资源而建立的庞大视频库。百度视频搜索拥有最多的中文视频资源，提供用户最完美的观看体验。

14.5.2 国外网站

(1) Yahoo Music(http://new.music.yahoo.com/)

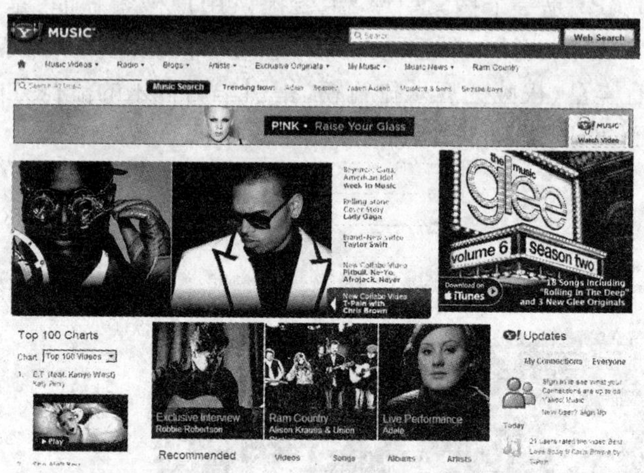

雅虎音乐频道,包含音乐资讯、新歌试听、大碟推荐、音乐美图等丰富内容。

后　记

终于要定稿了！这是一种比较矛盾和复杂的感觉：要收获了，喜悦中也掺杂着些许的缺憾；书稿结束了，实践工作却一刻不能停止。

随着信息、情报、知识的激增，图书馆馆藏文献资源的数量越来越多，类型越来越复杂。对文献的类型，人们可以根据其内容、性质、加工程度、载体形式、编辑出版形式以及不同用途，从很多角度进行划分。不同类型资料的搜集方法有所差异，若能熟悉搜集资料的技巧，善用图书馆内各项资源和网络资源，则可最有效率地找到与自己研究主题相关的文献。

本书依据我们平日协助用户搜集资料与检索数据库的经验，以国家图书馆馆藏纸本和电子数据库资源为例，兼顾网络上的相关资源，按用户搜集资料的需求类型有系统地介绍搜集方法，以协助用户学习与研究，并对其实际工作有参考价值。

在本书编写过程中，我们得到了太多的帮助，因此，要感谢的人也太多。

首先要感谢国家图书馆馆长助理、研究院院长汪东波为本书写序。还要感谢国家图书馆参考咨询部主任方自今给予的特别关心，他对我们不断鞭策与鼓励，在我们最需要帮助之时鼎力相助，并力荐本书的出版，对此，我们要致以衷心的感谢！

感谢国家图书馆出版社社长郭又陵，是他的支持，使本书得以顺利出版。

我们的另一类老师，是本书参考文献中所列论著的作者们，以及我们所参考过但不能一一列举的更多文献的作者们，我们得向他们致以衷心的谢意。

这是我们编著的第一本专业图书，倘有疏漏或错误之处，尚祈不吝指正。对本书有任何建议，也欢迎您将宝贵的意见告诉我们。

唐晶　罗欢

二〇一一年五月二十五日